méthode quotidienne

ASSIMIL

l'écriture chinoise

par

Philippe Kantor

diplômé de l'Institut des Langues de PÉKIN

Calligraphie : HUANG ZUN

ASSIMIL

B.P. 25
94431 Chennevières-sur-Marne Cedex
FRANCE

ISBN : 2.7005.0110.1

Méthodes ASSIMIL®

Volumes reliés, abondamment illustrés
et enregistrés sur cassettes ou compact discs

"Sans Peine"

Le nouvel allemand sans peine
L'américain sans peine
L'anglais
L'arabe sans peine (tome1)
L'arabe sans peine (tome2)
L'arménien sans peine
Le brésilien sans peine
Le bulgare sans peine
Le chinois sans peine (tome1)
Le chinois sans peine (tome2)
L'écriture chinoise
Le coréen sans peine
Le danois sans peine
Le nouvel espagnol sans peine
L'espéranto sans peine
Le finnois sans peine
Le nouveau grec sans peine
Le grec ancien
L'hébreu sans peine (tome1)
L'hébreu sans peine (tome2)
Le hindi sans peine
Le hongrois sans peine
L'indonésien sans peine
Le nouvel italien sans peine
Le japonais sans peine (tome1)
Le japonais sans peine (tome2)
Le japonais : l'écriture kanji
Le latin sans peine
Le nouveau néerlandais sans peine
Le norvégien sans peine
Le persan
Le polonais
Le nouveau portugais sans peine
Le roumain sans peine
Le nouveau russe sans peine
Le serbo-croate sans peine
Le suédois sans peine (tome1)
Le suédois sans peine (tome2)
Le swahili sans peine
Le tamoul sans peine
Le tchèque sans peine
Introduction au thaï
Le turc sans peine
Le vietnamien sans peine

"Perfectionnement"

Perfectionnement allemand
Perfectionnement anglais
Perfectionnement espagnol
Perfectionnement italien
La pratique du néerlandais

"Langues régionales"

L'alsacien sans peine
Le basque unifié (initiation)
Le corse sans peine
Le créole sans peine
L'initiation au breton sans peine
Le breton sans peine (tome1)
Le breton sans peine (tome2)
L'occitan sans peine

"Affaires"

Le nouvel anglais des affaires
L'espagnol des affaires

"Civilisations"

Apprenez l'Amérique ! (Langue et civilisation)

Assimil "Plus"

L'anglais par l'humour

"Bilingues" (1 livre + cassettes)

Pour mieux connaître l'arabe

"Loisirs"

La guitare sans peine (cours en 2 cassettes et 24 fiches)
Le solfège sans peine (cours en 3 cassettes et un livret)

"Expressions idiomatiques"

Plus anglais que ça...
Plus espagnol que ça...

IV

西周銅器銘文

子[illegible]乍(作)母

辛隣(尊)彝

[illegible]子

Exemple d'écriture *jinwen* sur bronze.

SOMMAIRE

Pages

Le but du présent ouvrage est d'initier à l'écriture chinoise, par l'apprentissage des 800 caractères les plus courants de la langue moderne.

La progression choisie est basée sur les 105 leçons du **« Chinois sans peine »**, mais il n'est pas indispensable d'avoir travaillé avec cette méthode pour pouvoir suivre cet apprentissage. Nous avons en effet conçu ce livre comme un outil pédagogique **autonome.** Afin de satisfaire le plus grand nombre de lecteurs, les explications sont données pour que même ceux qui n'ont pas adopté la méthode ASSIMIL de chinois parlé puissent utiliser ce livret d'apprentissage de l'écriture.

Avec les explications figurant dans l'Introduction, la liste des clés et les annexes, nous espérons que ces matériaux vous permettront d'acquérir une bonne connaissance de l'écriture chinoise, et une graphie... la plus jolie possible ! Bon courage !

En fin d'ouvrage, l'**Index bilingue des caractères chinois** renvoie à la leçon dans laquelle l'idéogramme a été introduit. Ce lexique des **caractères** complète les lexiques de **mots** qui figurent en fin de chacun des tomes 1 et 2. Ensemble, ils forment un véritable dictionnaire de base chinois-français.

Huit exemples de calligraphie du caractère **Dong** (l'Est) par des calligraphes célèbres de la Chine ancienne, dont *WANG XIZHI* et *SU DONGPO*.

PRÉSENTATION

Ce **livret d'initiation à l'écriture chinoise** doit vous permettre de compléter votre apprentissage du chinois parlé, objet des tomes 1 et 2 du **« Chinois sans peine »**, par l'étude de la graphie de chacun des caractères fondamentaux introduits dans les 105 leçons de la méthode.

Avant de faire les premiers exercices, vous pouvez relire l'*Introduction à l'écriture* (pages XXXV à XLIV du tome 1), qui expose succintement les principes de base nécessaires à la compréhension du système graphique chinois.

A chaque étape de travail, pour chaque leçon étudiée, vous devrez consacrer un moment à la mémorisation des idéogrammes nouveaux. Pour cela, la meilleure façon consiste (hélas !) à « faire des lignes d'écriture » : sur du papier à gros carreaux, vous copierez chaque caractère dix fois, ou plus, jusqu'à ce que vous sachiez l'écrire de mémoire. Après chaque leçon ainsi étudiée, vous ferez un sondage dans les leçons précédentes, pour contrôler que vous n'avez pas oublié le tracé des caractères étudiés, en faisant bien attention à respecter l'ordre des traits.

Si le sens d'un caractère vous échappe, vous vous reporterez à la leçon correspondante, là où il a été introduit pour la première fois.

Pour une leçon donnée, seuls sont décomposés trait par trait les caractères **nouveaux**. Il peut arriver que, dans tel ou tel dialogue, l'un des caractères d'un mot ou d'une expression ait déjà fait l'objet de notre étude, en combinaison avec d'autres idéogrammes, et avec une autre signification. Dans ce cas, sa décomposition n'est pas reprise. Vous pourrez vous reporter à l'**index**, où est indiqué le numéro de la première leçon où le caractère apparaît.

Un bon exercice de contrôle de vos connaissances consiste à vérifier que vous savez bien ce que signifie chaque idéogramme décrit, que vous savez le prononcer, et que vous pouvez le replacer dans le mot, l'expression ou la phrase vue lors du dialogue correspondant.

Vous ne trouverez pas de leçons numérotées par des multiples de sept (7, 14, 21, etc.). En effet, ces leçons de révision portent sur les six leçons qui les précèdent, et n'introduisent donc pas de caractères nouveaux.

L'ÉCRITURE CHINOISE

Pages

LES TRAITS DE BASE

On peut classer les traits fondamentaux de l'écriture chinoise en 8 groupes :

trait	exemples
point 丶	法雨汉六书
horizontal 一	一二三工大于天
vertical 丨	十五干工上下
relevé ㇀	法冰我北地
courbe à gauche 丿	人入六文八大刀
courbe à droite ㇏	人入六文八大长
crochet ㇖ 亅 ㇙ ㇂ ㇁ ㇟	你小民我象儿
double crochet ㇉ ㇈ ㇆ ㇋ ㇇ ㇊	马飞力及字说

* Les horizontaux se tracent toujours de gauche à droite, et les verticaux toujours de haut en bas.

* Attention au **relevé,** qui ne se distingue de la **courbe à gauche** que par le sens d'écriture !

Ces traits peuvent se combiner entre eux, pour former des traits composés.

Ainsi, un vertical 丨 lié à un horizontal 一 peuvent donner ㇄ . Comme dans 山 . Un horizontal 一 et une courbe à gauche 丿 peuvent donner ㇇ , comme dans 汉 . Etc.

Les combinaisons de traits les plus usuelles sont :

horizontal + vertical

vertical + horizontal

horizontal + courbe à gauche

courbe à gauche + relevé

relevé + vertical + crochet

courbe à gauche
+ courbe à droite

Exercices

Faire, sur les grilles ci-jointes, une ligne de chacun des traits de base. Lorsque les grilles seront remplies, vous pourrez utiliser du papier quadrillé semblable pour répéter cet exercice cinq ou six fois.

Exercice d'écriture

Faire une ligne de chacun des traits de base suivants :

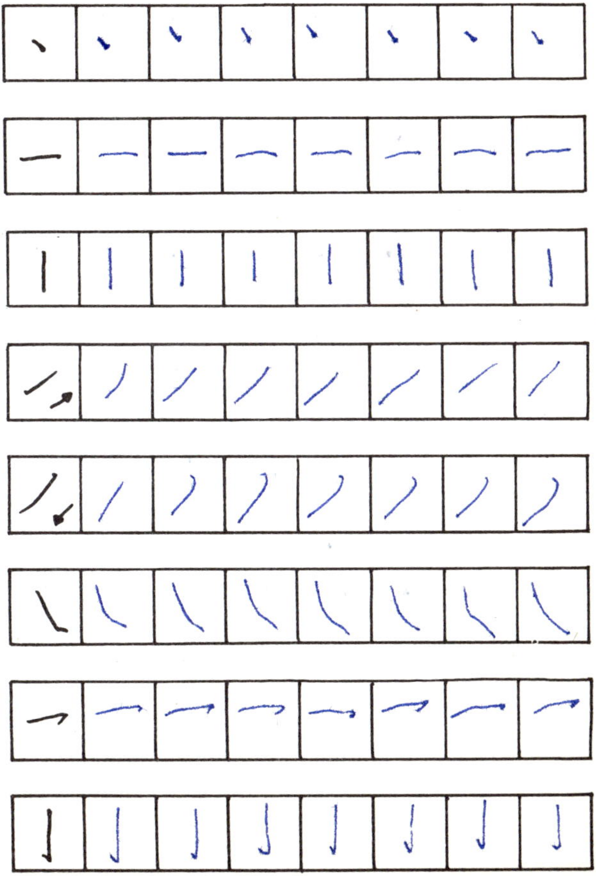

Exercice d'écriture

Faire une ligne de chacun des traits de base suivants :

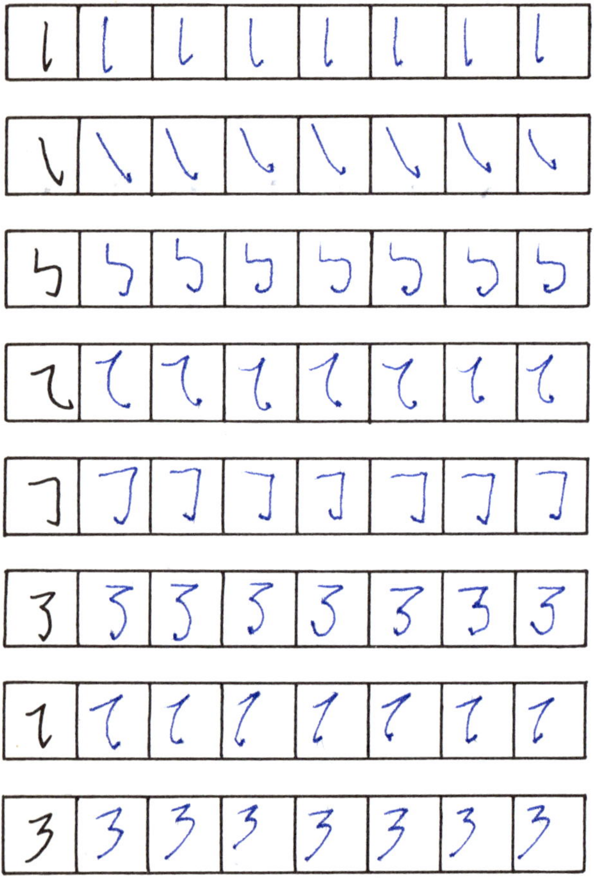

*****

LES HUIT RÈGLES DE L'ÉCRITURE CHINOISE

Sans aborder l'étude de la **calligraphie**, qui est véritablement un art, et est étroitement liée à la peinture et à la poésie, il nous faut présenter les règles élémentaires de structure, de tracé, d'équilibre qui régissent l'écriture d'un caractère, et en déterminent l'harmonie, la stabilité et la beauté.

Tout caractère d'un même texte est censé tenir dans un carré imaginaire, de même surface pour chacun. Certains caractères n'ont qu'un ou deux traits, d'autres en ont jusqu'à vingt ou davantage. Il conviendra de donner à chacun des traits constitutifs la taille voulue pour que le caractère, une fois terminé, s'inscrive, quel que soit son nombre de traits, dans le carré imaginaire. Et ce, le plus harmonieusement possible, en respectant les règles d'équilibre, et de maintien. Le caractère ne devra pencher ni trop à gauche ni trop à droite. Aucune de ses parties constitutives ne devra être disproportionnée. Les caractères comportant beaucoup de traits devront voir chacun de leurs éléments constitutifs réduits de telle sorte que l'ensemble reste harmonieux, et de la taille requise.

En revanche, les caractères de peu de traits devront occuper l'espace du carré imaginaire le plus complètement possible.

Les traits ne doivent pas être tracés mécaniquement. Un même trait, l'horizontal par exemple, peut recouvrir une grande variété de tracés possibles, en fonction de sa longueur, et de sa disposition dans le caractère. Les courbes à gauche et à droite devront descendre suffisamment pour donner au caractère son assise.

La maîtrise de l'ensemble de ces notions de base doit permettre, sinon d'acquérir une « belle » calligraphie, du moins d'écrire **correctement,** de façon à être **lisible,** et à avoir une écriture la plus **agréable** possible pour le lecteur.

Une belle calligraphie ne s'obtient qu'après de nombreuses années de pratique. L'écriture chinoise permet plus que toute autre d'exprimer sa propre personnalité, et ses sentiments à l'instant où l'on s'apprête à poser le pinceau sur le papier.

Le mouvement, le rythme, l'équilibre ou la passion peuvent tout à la fois transparaître d'un texte, d'une poésie ou même d'un idéogramme calligraphié par une main experte. (Voir illustration p. VI.)

A notre niveau, munis simplement d'un stylo-feutre à pointe fine, mais assez dure, nous nous contenterons d'essayer d'acquérir une graphie soignée, avant peut-être d'entreprendre un jour plus en détail le véritable apprentissage de la **calligraphie.**

Pour cela, il sera très utile de se reporter à l'**Introduction à la calligraphie chinoise** *(Ed. du Centenaire, Paris 1983),* traduction française d'un ouvrage chinois simple et précis, qui constitue une excellente initiation à cet art millénaire.

Les règles de base de succession des traits qui régissent l'écriture des caractères sont les suivantes :

1. Les horizontaux se font en général avant les verticaux. Sauf lorsque l'horizontal est le dernier trait en bas d'un caractère.
2. Les courbes à gauche se tracent avant les courbes à droite.
3. Les éléments constitutifs se tracent en commençant par ceux du haut, et en descendant vers le bas.
4. Les éléments de gauche se tracent avant les éléments de droite.
5. L'extérieur est tracé avant de garnir l'intérieur.
6. Certains caractères « tripodes » se font dans l'ordre

suivant : milieu, puis partie gauche, puis partie droite.

7. Les enceintes closes sont préparées (en deux traits), et **garnies** avant d'être fermées.
8. En haut à droite, le point se fait en dernier.

Ces règles sont reprises dans le tableau suivant, avec quelques exemples.

Les règles d'écriture

règle	exemples : le caractère :	se fait :
1. horizontal puis vertical	十	
	天	
2. courbe à gauche puis courbe à droite	八	
	文	
3. du haut vers le bas	豆	
	兰	
4. de gauche à droite	明	
	地	
5. l'extérieur puis l'intérieur	问	
	风	

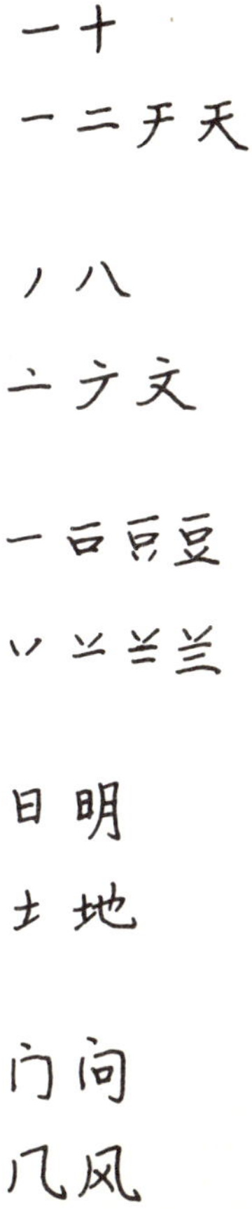

6. milieu, gauche puis droite

小 

木 

7. garnir les enceintes avant de les fermer

国 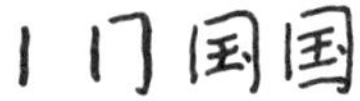

回 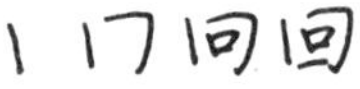

8. le point en dernier

书 

发 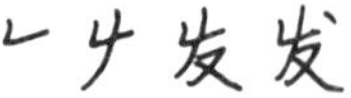

En fonction de la configuration du caractère, de la disposition de ses différents éléments constitutifs, vous devez vous référer à telle ou telle règle d'écriture. C'est de la pratique que vous viendra la maîtrise de ces règles de base.

Voici quelques-unes des configurations possibles pour la disposition relative des éléments constitutifs des idéogrammes, les uns par rapport aux autres :

Disposition graphique des éléments constitutifs

configuration 

exemple 他 章 国 闹

configuration 

exemple 匠 想 霞 懂

GRAPHISME ET PRÉSENTATION

En Chine, les feuilles de papier de brouillon sont quadrillées. Chaque caractère occupe une case. Les signes de ponctuation également. En début de chaque paragraphe, deux cases doivent être laissées vides.

Le point de fin de phrase est en fait un petit rond.

A l'heure actuelle, la plupart des textes sont écrits horizontalement, de gauche à droite. Mais certains ouvrages ou articles de journaux, certaines lettres ou poésies sont encore écrits « à l'ancienne », verticalement, en partant de la droite de la page, et en allant vers la gauche, colonne après colonne. De nos jours encore, dans la presse, ces deux styles de composition sont employés alternativement, rendant la présentation des journaux plus variée, moins austère.

Importance de la précision des traits

Certains caractères sont très proches. Ils peuvent n'être différenciés que par un seul trait. Ils peuvent parfois avoir le même nombre de traits, et ne se différencier que par la disposition de ces traits les uns par rapport aux autres. Respectez scrupuleusement la place du début et de la fin de chaque trait. Ne faites pas dépasser là où il ne le faut pas, vous pourriez écrire tout à fait autre chose !

Examinez les caractères suivants, qui sont très proches graphiquement :

Quelques exemples de caractères très proches graphiquement

大	grand	太	trop	天	ciel
干	faire	千	mille	十	dix
八	huit	人	homme	入	entrer
边	côté	力	force	刀	couteau
小	petit	少	peu		
早	tôt	旱	sec		
住	habiter	往	vers	佳	bon
白	blanc	百	cent		
木	bois	本	racine	不	non

LES CLÉS, OU RADICAUX

Eléments symboliques, ils aident à repérer le champ sémantique à l'intérieur duquel s'insère le sens du caractère. Ils aident également à la mémorisation des idéogrammes, et permettent souvent « d'épeler un caractère ». On dira par exemple

de 李 li que c'est 木 子 李 (mù zǐ lǐ), « le *li* (poire)

composé de *mù* (le bois) et de *zǐ* (l'enfant »

On dira de 访 *fǎng* que c'est « le *fǎng* avec la clé de la

parole 讠 », etc.
Chaque clé apparaît en général à un endroit bien défini, qui n'est pas forcément le même pour chacune des 214 clés.

Ainsi la main 扌 , la parole 讠 , les vêtements 衤

apparaissent en *partie gauche.*

Le toit 宀 , l'herbe 艹 , la griffe 爫 se tracent *en haut*

des caractères.

Le couteau 刂 s'écrit à droite. On rencontre le cœur 心

en partie inférieure, etc.

D'autres, comme la terre 土 , peuvent se rencontrer soit

en haut, soit en bas, soit à gauche !

Pour repérer les divers éléments constitutifs des idéogrammes que nous allons étudier tout au long des leçons, vous pouvez vous reporter au **Tableau des Clés** qui figure en fin de ce livret.

Dans les dictionnaires chinois, les caractères sont généralement classés par clés. Mais ce classement ne suffit pas ; sous une même clé on peut en effet rencontrer parfois plus d'une centaine de caractères. C'est pourquoi il est nécessaire d'organiser pour chaque rubrique (chaque clé) une seconde méthode de classement, une « sous-rubrique ».

En général, on choisit le *nombre de traits* qu'il reste en dehors de la clé.

Ainsi 说, parler (shuō) sera classé, à la clé de la parole, 讠, parmi les caractères ayant en plus 7 traits.

Le caractère 国 pays (guó) sera classé, à la clé de l'enceinte 囗, parmi les caractères ayant en plus 5 traits.

C'est l'une des raisons pour lesquelles il est vivement conseillé de porter la plus grande attention aux clés, aux traits de base, et à l'ordre d'écriture de chacun des traits constitutifs des caractères chinois.

LES DIFFÉRENTS STYLES D'ÉCRITURE

Les caractères chinois ont subi une lente évolution, depuis leurs premières formes, représentations pictographiques, jusqu'aux systèmes codifiés les plus récents.

En simplifiant, les différents styles d'écriture ont été les suivants :

- L'écriture *jiăgŭwén,* sur os ou sur carapaces de tortues, entre 1400 et 1150 avant J.-C. (cf. tableau, colonne 1). C'est la forme la plus ancienne d'écriture chinoise dont les vestiges nous soient parvenus.
- L'écriture *jīnwén,* gravée sur les objets en bronze à l'époque de la dynastie des Zhou, 1122 à 255 avant J.-C. (colonne 2). (Voir illustration page IV.)
- L'écriture *zhuànshū,* ou sigillaire, utilisée encore de nos jours pour graver les sceaux (colonne 3).
- L'écriture *lìshū, style officiel* ou de *chancellerie* (colonne 4), qui date de la dynastie Qin (3e siècle avant notre ère). Ce style fait déjà beaucoup plus appel aux lignes droites.
- L'écriture *kăishū,* ou *style régulier* (colonne 5), apparue au 3e siècle de notre ère.

C'est ce style *kăishū* qui est actuellement encore utilisé en Chine, enseigné dans les écoles, et à l'origine des différentes polices de caractères en usage dans les imprimeries.

En Chine populaire, en 1956, on a simplifié l'écriture. Un grand nombre d'idéogrammes ont vu leur nombre de traits réduits. Certaines clés ont été simplifiées (colonne 8).

C'est ce système graphique, aujourd'hui en usage répandu, que nous utilisons dans le **« Chinois sans peine »**.

A Taiwan, à Hong Kong, et parmi les Chinois d'outre-mer, le système en vigueur est encore l'écriture non-simplifiée. C'est pourquoi, pour les caractères ayant été simplifiés, nous donnerons, en fin de ligne, la **graphie ancienne**, afin que ceux d'entre vous qui souhaiteraient s'initier également à l'écriture non simplifiée puissent bénéficier de tous les éléments nécessaires.

Lorsqu'ils souhaitent écrire vite, les Chinois adoptent un style plus concis, le *xíngshū* (colonne 7), ou *écriture courante,* qui consiste à lier certains traits entre eux, afin de lever le moins possible le crayon de la feuille de papier. Enfin, un style encore plus cursif, le *cǎoshū* (colonne 6), est également utilisé dans certaines occasions (prise de notes, lettres, poésies, etc.). Il est parfois bien difficile à déchiffrer... même pour un lecteur chinois !

Modèles d'écriture

Vous trouverez ci-après l'ensemble des caractères chinois rencontrés dans les 105 leçons de la méthode. Ils sont présentés leçon par leçon, dans leur ordre de première apparition.

Ces modèles indiquent l'ordre d'écriture des idéogrammes, trait par trait. En plus de sa transcription phonétique, et, lorsque le caractère pris isolément peut en avoir, de sa traduction, vous trouverez en fin de ligne la clé (le radical) sous laquelle est classé le caractère dans les dictionnaires.

Pour les caractères simplifiés, nous donnerons également, en fin de ligne, la forme ancienne, encore en usage à Hong Kong et à Taiwan.

Attention : Ne figurent pas les leçons dans lesquelles aucun caractère nouveau n'a été introduit.

L'évolution de l'écriture chinoise : les différents styles

Méthode de travail

Munissez-vous de papier à gros carreaux et, avec un stylo-feutre ou un stylo à bille, à pointe fine et assez dure, pour chaque caractère, copiez plusieurs fois sa décomposition trait par trait. En imitant, ou même en calquant les modèles. Ensuite, vous copierez une bonne dizaine de fois chaque caractère, *en le prononçant à haute voix !* C'est la meilleure méthode pour mémoriser les mots chinois, en gravant en même temps dans votre mémoire le **son** (leur prononciation) et le **geste de la main** (leur tracé trait par trait, dans l'ordre voulu).

Nous vous présentons un modèle de grille d'écriture que les écoliers chinois utilisent pour « faire des lignes d'écriture ». N'hésitez pas à faire de même ; de la répétition naît en effet la mémorisation. Et ce, que ce soit pour le chinois parlé, comme nous le voyons dans les leçons du manuel, comme pour le chinois écrit, comme vous le verrez ici.

Et maintenant... Bon courage !

*****

AVERTISSEMENT

Il peut arriver que certains caractères imprimés diffèrent légèrement, par certains traits, de la version calligraphiée. Il s'agit de variantes typographiques. A notre niveau, nous nous contenterons, bien sûr, d'apprendre à écrire la version manuscrite, la plus usuelle.

*****

CONSEIL

Lorsque vous aurez terminé l'étude des caractères d'une leçon, reportez-vous à la leçon correspondante du **« Chinois sans peine »**, et apprenez à lire le dialogue **en chinois,** sans utiliser la transcription phonétique.

Pour cela, faites un **cache:** dans une fiche cartonnée, découpez des bandes horizontales de 5 mm de large, de 80 mm de long, et séparées entre elles par 7 mm. Ainsi, en posant ce cache sur les pages gauches du manuel, n'apparaîtront des dialogues que les répliques en **idéogrammes chinois** ! De la sorte, vous pourrez vérifier aisément l'état de vos connaissances, et votre aptitude à la lecture !

Modèle de grille
pour les exercices d'écriture

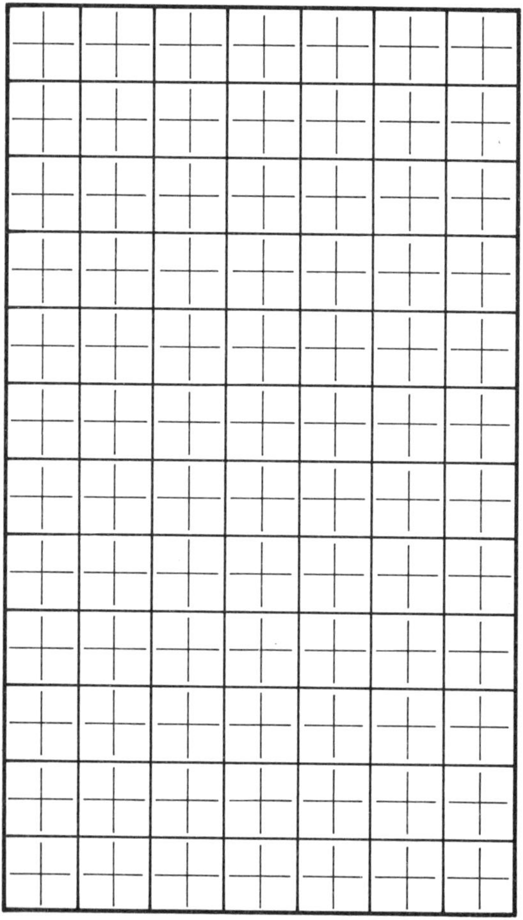

Exercice préliminaire

Faire une ligne de chacun des traits de base suivants :

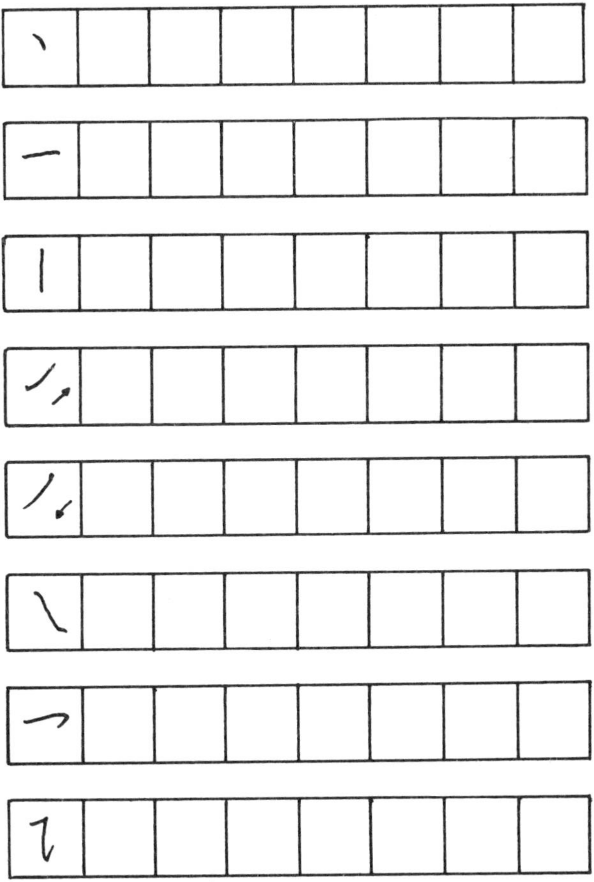

Exercice préliminaire

Faire une ligne de chacun des caractères suivants :

大							
小							
人							
你							
女							
子							
口							
不							

EXERCICES PERSONNELS

LEÇON 1

	prononciation	sens	clé	(sens)
你	nǐ	tu, toi	亻	*homme*
好	hǎo	bon, bien	女	*femme*
饿	è	faim	饣	*aliments*
吗	ma	est-ce que ?	口	*bouche*
我	wǒ	je, moi	戈	*hallebarde*
不	bù	ne pas	一	*horizontal*
累	lèi	fatigué	田	*champ*
走	zǒu	partir	走	*marcher*

ordre d'écriture des traits

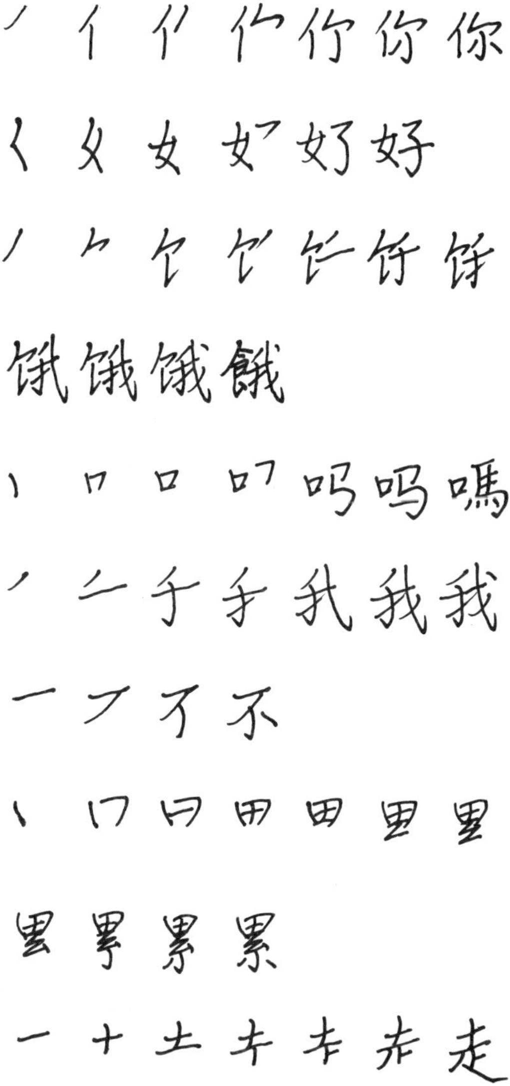

3

第	dì	numéro...	竹	*bambou*
一	yī	un	一	*horizontal*
课	kè	leçon	讠	*parole*
练	liàn	exercice	纟	*soie*
习	xí		冫	*glace*

Exercice 1 : Copier 5 fois la décomposition de chaque caractère, trait par trait.

Exercice 2 : Copier 10 fois chaque caractère.

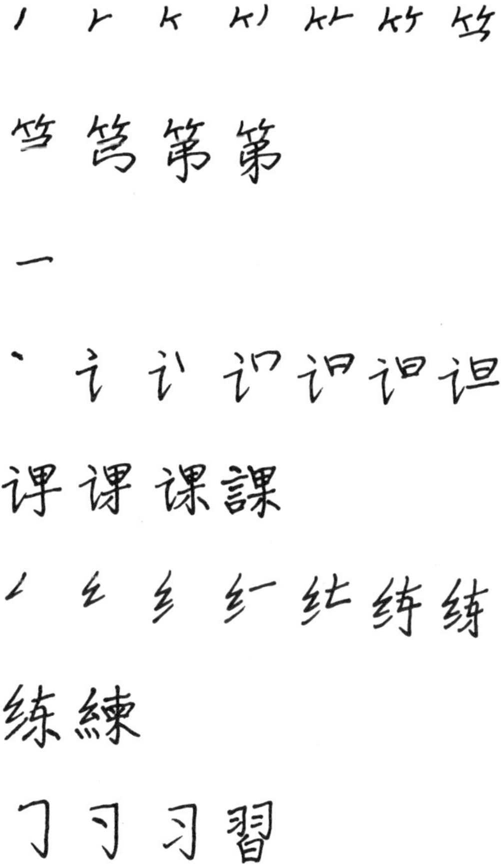

Note : Pour les caractères ayant été simplifiés, nous indiquons en fin de ligne, *la graphie non simplifiée.*

要	yào	vouloir	女	*femme*
饭	fàn	nourriture	饣	*aliments*
汤	tāng	soupe	氵	*eau*
菜	cài	légumes	艹	*herbe*
什	shén	quel ? quoi ?	亻	*homme*
么	me		丿	*courbe*
面	miàn	farine, nouilles	一	*horizontal*

一 丆 丙 两 西 西

覀 要 要

丿 𠂊 饣 饣 饣 饣 饭 飯

丶 冫 氵 汅 汤 汤 湯

一 艹 艹 艹 艹 芒 芢 苙

苙 荸 荸 菜

丿 亻 仁 什 甚

丿 么 么 麼

一 丆 丆 丙 而 而 而

而 面 靣 麵

包	bāo	paquet	勹	
二	èr	deux	一	*horizontal*

Exercice 1 : Copier 5 fois les décompositions.

Exercice 2 : Copier 10 fois chaque caractère.

****

LEÇON 3

买	năi	acheter	大	*grand*
书	shū	livre	丨	*vertical*
笔	bǐ	crayon	竹	*bambou*
报	bào	journal	扌	*main*
也	yě	aussi	丨	*vertical*

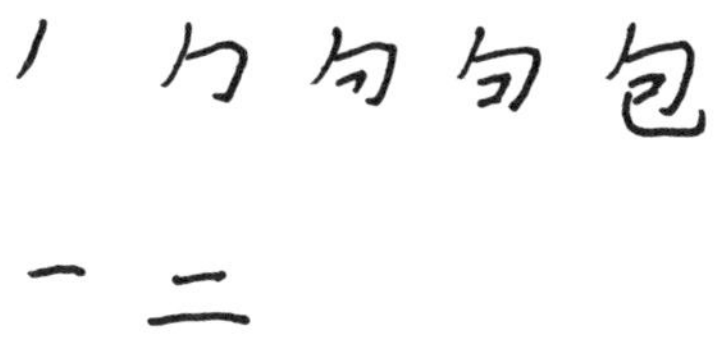

Note : Pour la clé de l'eau, veillez à faire le troisième trait dans le bon sens : c'est un *relevé* (du bas vers le haut !).

****

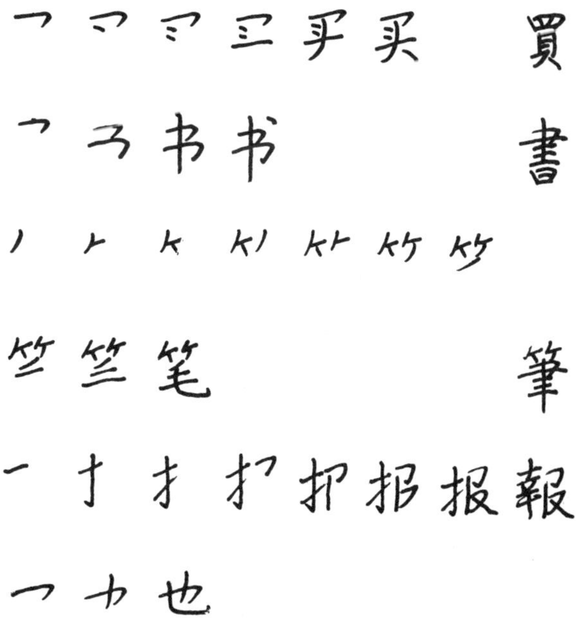

那	nà	alors	阝	*oreille*
裤	kù	pantalon	衤	*habits*
子	zi	(suffixe)	子	*fils, enfant*
三	sān	trois	一	*horizontal*

Exercice 1 : Copier 5 fois les décompositions.

Exercice 2 : Copier 10 fois chaque caractère.

****

LEÇON 4

他	tā	il	亻	*homme*
是	shì	être	日	*soleil*

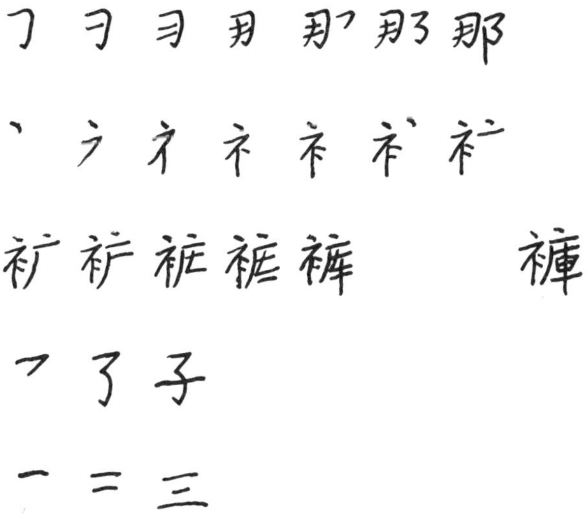

Conseil :

Pour 那 , veillez à bien faire les deux horizontaux *avant* de les couper, *en leur milieu.*

Pour 书 , veillez à garder une certaine symétrie, le vertical devant couper les horizontaux en leur milieu. La partie horizontale du bas doit être plus large que celle du haut.

****

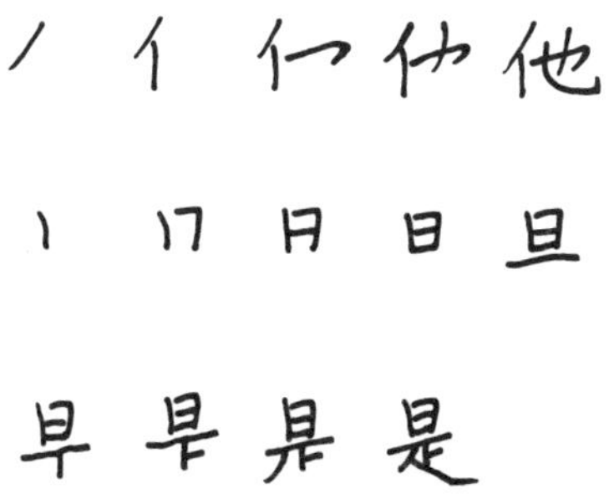

11

谁	shéi, shuí	qui ?	讠	*parole*
父	fù	père	父	*paternel*
亲	qīn	parent	立	*debout*
哦	ò, ó	oh ?	口	*bouche*
就	jiù	alors	亠	*abri*
呀	ya	ah !	口	*bouche*

丶 讠 讠 讠 讠 讠 讠

讠 诈 谁 誰

丿 八 少 父

丶 亠 亠 亠 立 立 辛

辛 亲 親

丨 冂 口 口 口 吁 吁

哦 哦 哦

丶 亠 亠 亠 亠 亨 京

京 京 就 就 就

丨 冂 口 口 口 呀 呀

认	rèn	connaître	讠	*parole*
识	shí	connaître	讠	*parole*
见	jiàn	voir	见	*voir*
过	guo	(suffixe)	辶	*marche*
四	sì	quatre	四	*quatre*

Exercice 1 : Copier 5 fois les décompositions.

Exercice 2 : Copier 10 fois chaque caractère.

****

LEÇON 5

这	zhè, zhèi	ce, ça	辶	*marche*
儿	ér	(suffixe)	儿	*fils*
有	yǒu	avoir	月	*lune*
没	méi	ne pas avoir	氵	*eau*

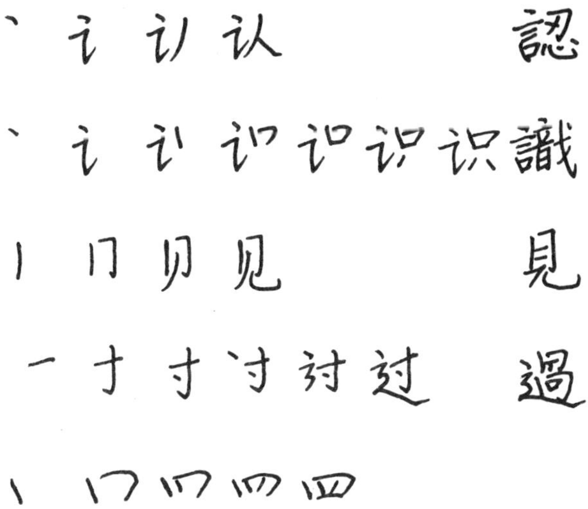

Note : En général, pour cette forme de la clé de la marche, 辶, on lie les traits 2 et 3, les dessinant en un seul coup de crayon : ` 辶 .

****

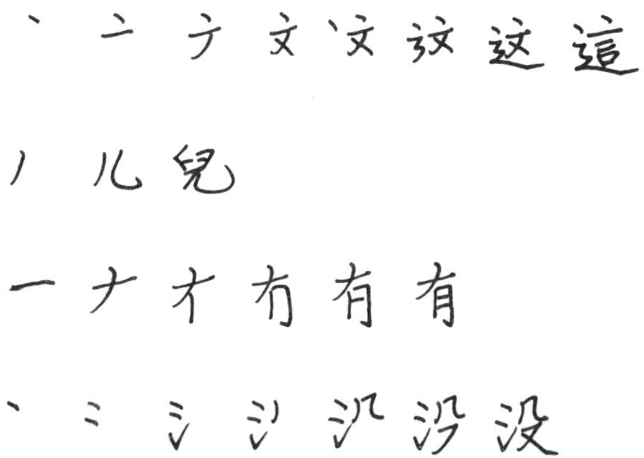

15

画	huà	dessin	一	*horizontal*
店	diàn	boutique	广	*abri*
邮	yóu	postal	阝	*oreille*
局	jú	bureau	尸	*cadavre*
对	duì	exact	寸	*pouce*
起	qǐ	se lever	走	*marche*
五	wǔ	cinq	一	*horizontal*

Note : Nous donnons le sens des caractères pris isolément. Il se peut cependant que nous les ayons rencontrés en composition, avec d'autres caractères, et

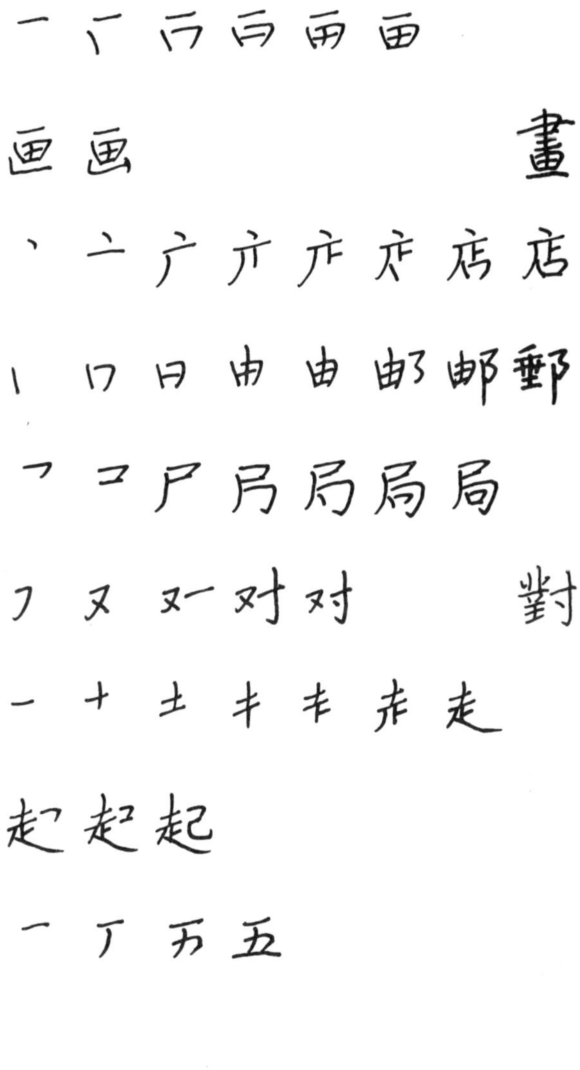

que le sens soit alors assez éloigné du sens premier des caractères pris séparément.

LEÇON 6

老	lǎo	vieux	耂	*clé 125*
李	lǐ	poire	木	*bois*
王	wáng	roi	王	*roi*
在	zài	à, se trouver	土	*terre*
六	liù	six	丶	*point*

Conseil :
Pour les leçons suivantes, vous procéderez de la même façon : pour chaque nouveau caractère, copiez d'abord cinq ou six fois, trait par trait, la décomposition. Ensuite,

****

LEÇON 8

去	qù	aller	土	*terre*
吃	chī	manger	口	*bouche*
太	tài	trop	大	*grand*

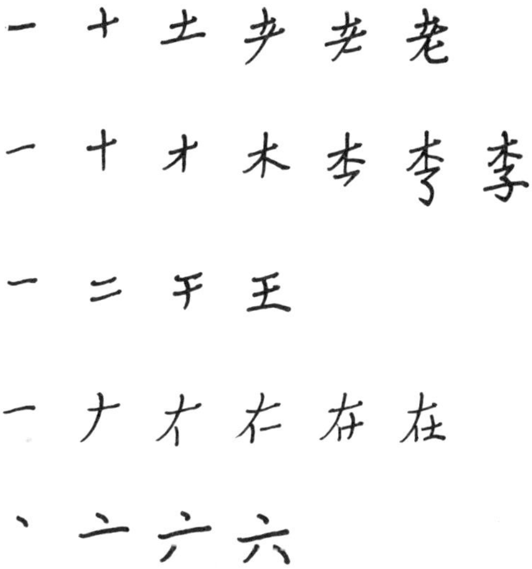

copiez une bonne dizaine de fois le caractère entier. Utilisez du papier à gros carreaux, et un stylo à pointe assez fine.

****

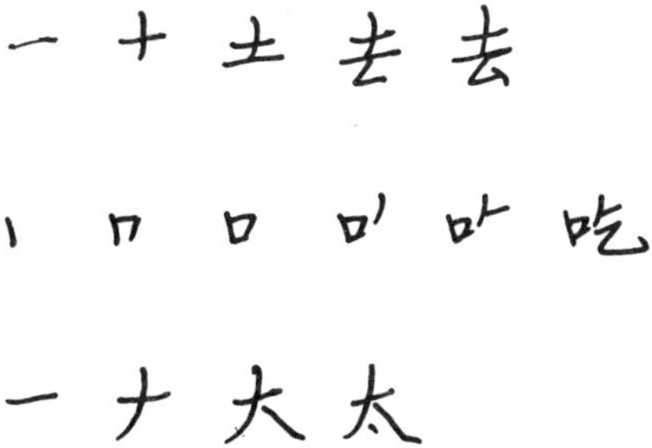

想	xiǎng	penser	心	*cœur*
行	xíng	satisfaisant	彳	*marche*
七	qī	sept	一	*horizontal*
八	bā	huit	八	*huit*

****

LEÇON 9

住	zhú	habiter	亻	*homme*
房	fáng	maison	户	*maison*
安	ān	paix	宀	*toit*
静	jìng	tranquille	⺈	*clé 20*

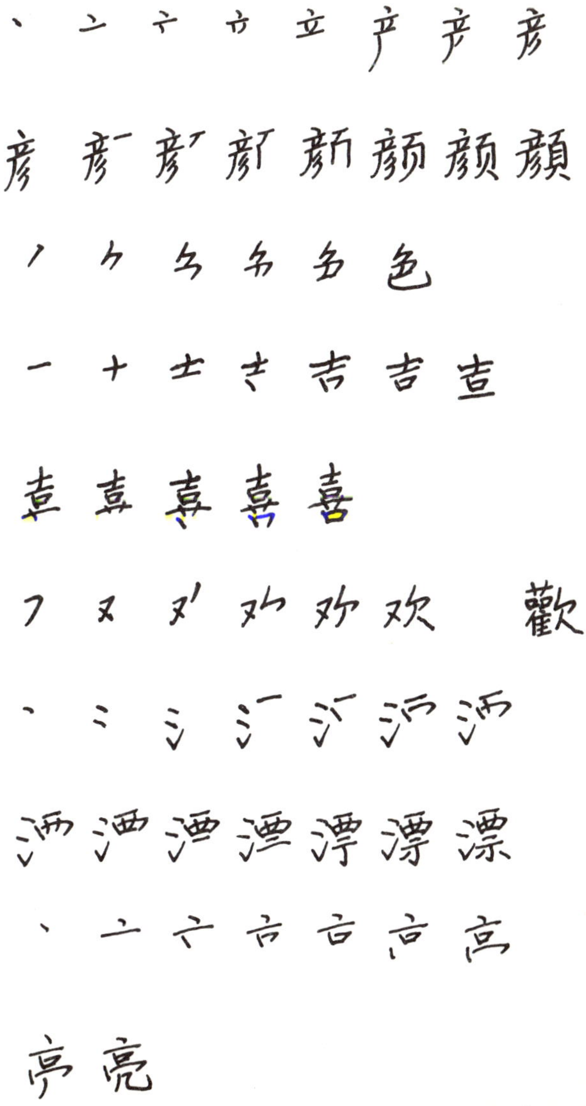
颜
色
喜
欢 歡
漂
亮

吧	ba	(particule)	口	*bouche*
贵	guì	cher	贝	*coquillage, cauris*

可	kě	mais	一	*horizontal*
大	dà	grand	大	*grand*
的	de	(particule)	白	*blanc*
怎	zěn	comment	心	*cœur*

办	bàn	faire	丶	*point*
小	xiǎo	petit	小	*petit*

Note : Ne pas confondre la clé du *chevalier* 士 avec la clé de la *terre* 土 . Dans le premier cas le trait horizontal

很	hěn	très	彳	*marche*
爱	ài	aimer	爫	*griffe*
人	rén	homme, gens	人	*homme*
幸	xìng	heureusement	十	*dix*
亏	kuī		一	*horizontal*
九	jiǔ	neuf	丿	*courbe*

****

LEÇON 10

冷	lěng	froid	冫	*glace*

出	chū	sortir	丨	*vertical*
哪	nǎ	où ?	口	*bouche*
新	xīn	nouveau	斤	*livre*
晚	wǎn	tard, soir	日	*soleil*
发	fā	prononciation	又	*à nouveau*
音	yīn		日	*soleil*

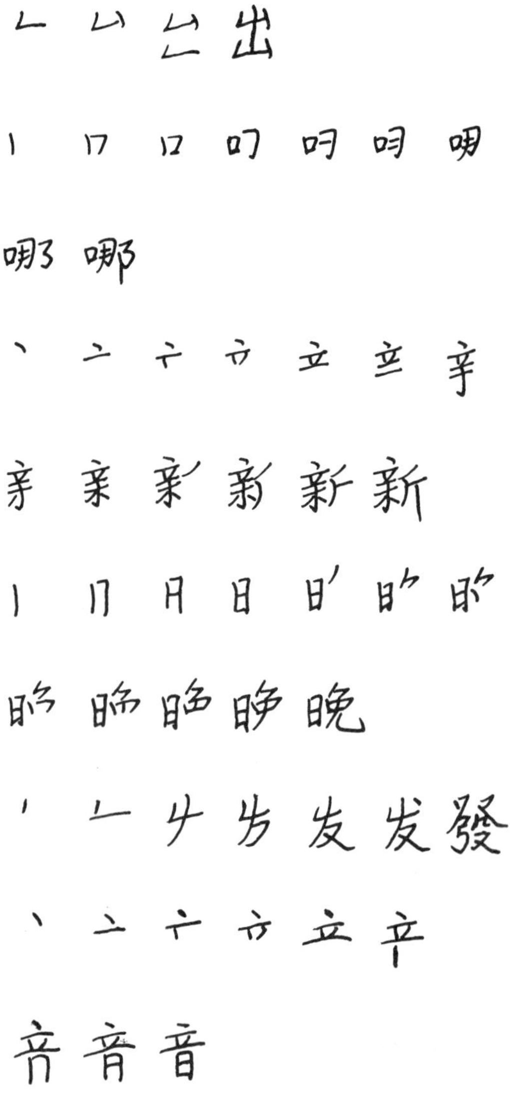

十	shí	dix	十	*dix*

****

LEÇON 11

她	tā	elle	女	*femme*
妹	mèi	sœur cadette	女	*femme*
朋	péng	ami	月	*lune*
友	yǒu		又	*à nouveau*
中	zhōng	milieu	丨	*vertical*
国	guó	pays	囗	*enceinte*
当	dāng	(bien sûr)	⺌	*petit*

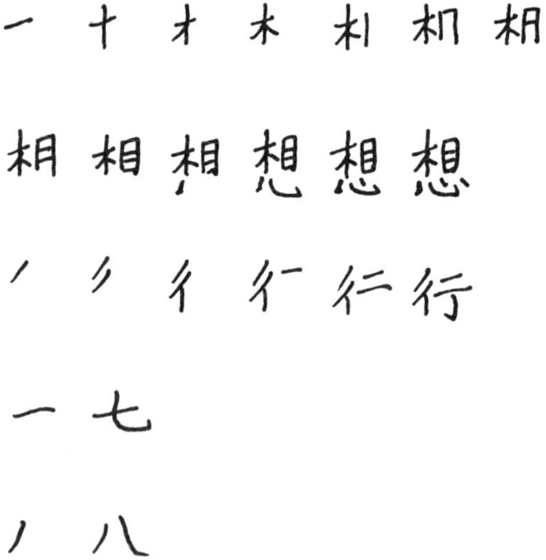

Note : Il y a plusieurs variantes de la clé de la marche.
Notamment : 彳 , 辶 et 走 .

****

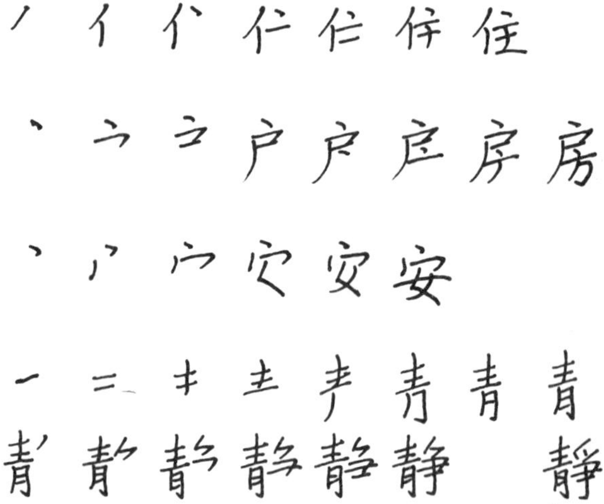

27

然	rán	(bien sûr)	灬	*feu*
们	men	(pluriel)	亻	*homme*
孩	hái	enfant	子	*fils*
几	jǐ	combien ?	几	*combien*
知	zhī	savoir	矢	*flèche*
道	dào		辶	*marche*

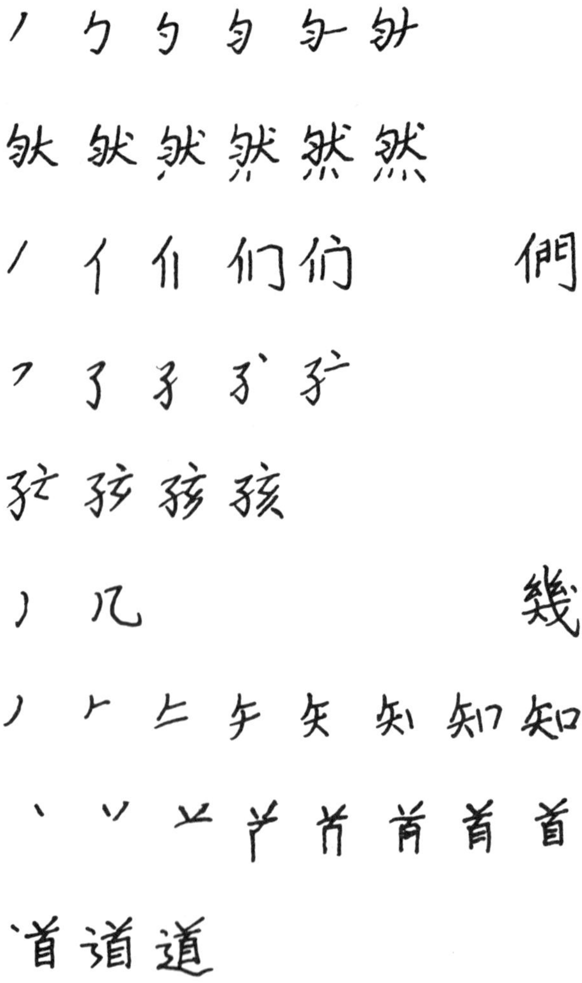

Note : Il existe deux variantes de la clé du feu. En position auche, c'est 火 . En partie inférieure, ce sont quatre nts 灬 . Le premier se trace vers la gauche, alors que ois suivants se tracent vers la droite.

LEÇON 12

Caractère	Pinyin	Sens	Clé	Sens de la clé
颜	yán	couleur	页	*feuille*
色	sè		⺈	
喜	xǐ	aimer	士	*chevalier*
欢	huān		欠	*dette*
漂	piào	joli	氵	*eau*
亮	liàng		亠	*toit*

丿 ㇒ 彳 彳㇆ 彳彐 彳彐 很

很 很

丿 ㇒ ⺍ 爫 爫 爫 爫

爫 爫 愛 愛

丿 人

一 十 土 𡗗 𡗗 𡗗 𡗗 幸

一 二 亏 虧

丿 九

Note : Attention à ne pas confondre 彳 (une des variantes de la clé de la marche) et 亻, la clé de l'homme !

****

丶 冫 丷 冫 冫 冷 冷

一 十

Note : Attention à ne pas confondre la clé de la glace 冫 (deux gouttes d'eau), avec la clé de l'eau 氵 (trois gouttes) ! Dans les deux cas, la dernière goutte se faite *en remontant.*

****

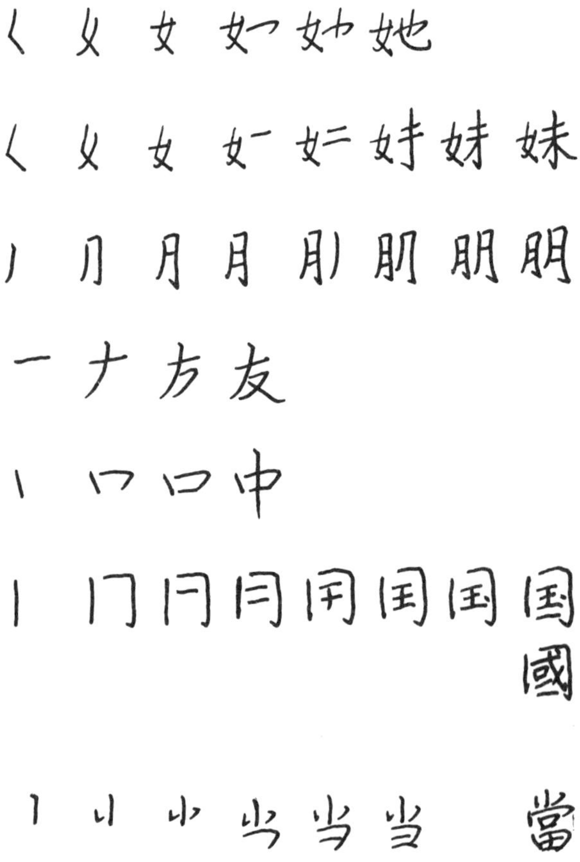

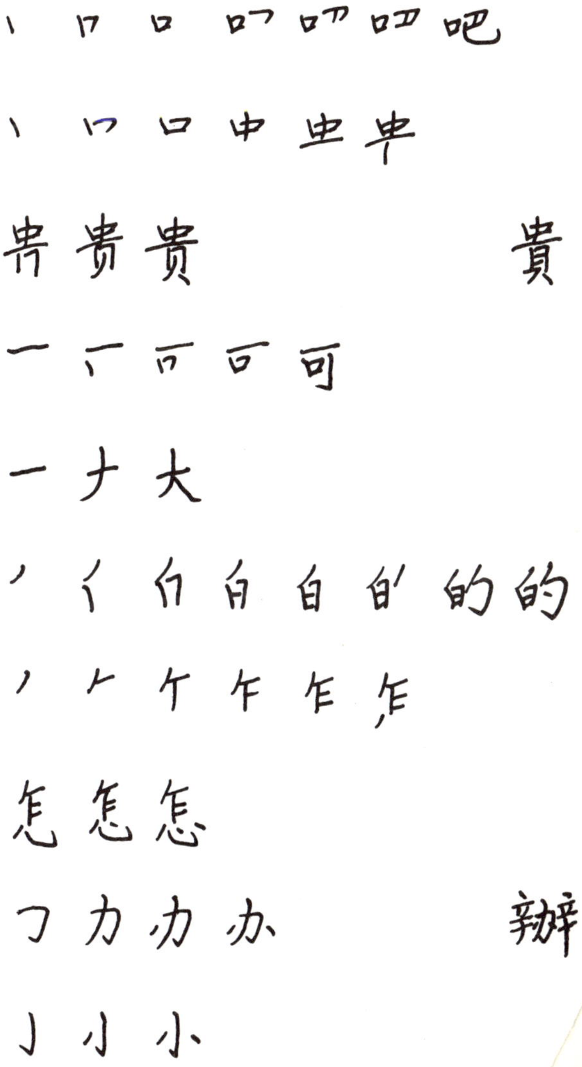

du haut est plus long que celui du bas. Dans la *terre,* c
l'inverse !

LEÇON 13

作	zuò	faire	亻	*homme*
翻	fān	traduire (翻译)	羽	*plumes*
译	yì		讠	*parole*
会	huì	savoir	人	*homme*
英	yīng	anglais	艹	*herbe*
语	yǔ	langue	讠	*parole*

*****

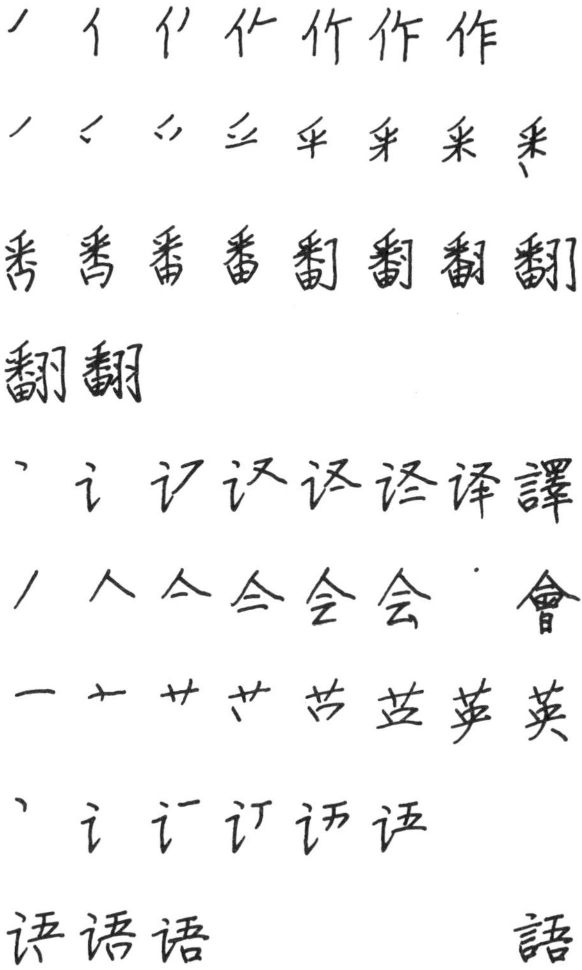

*****

点	diǎn	peu	灬	*feu*
呢	ne	(particule)	口	*bouche*
说	shuō	parler	讠	*parole*
写	xiě	écrire	冖	*toit*

****

LEÇON 15

明	míng	clair	日	*soleil*
回	huí	retourner	囗	*enceinte*
家	jiā	famille	宀	*toit*

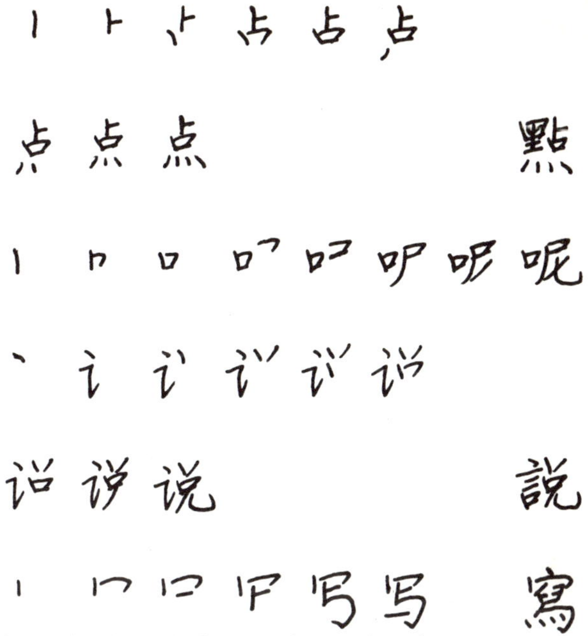

Note : Il existe plusieurs variantes du toit : avec ou sans point : 冖 , 宀 .

****

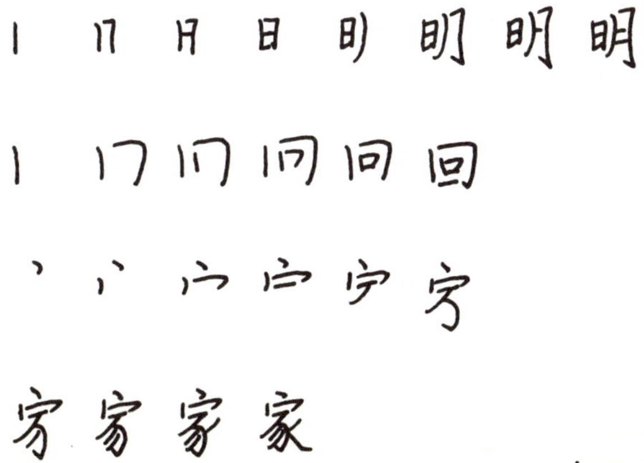

远	yuǎn	loin	辶	*marche*
车	chē	véhicule	车	*véhicule*
开	kāi	conduire	一	*horizontal*
骑	qí	chevaucher	马	*cheval*
自	zì	soi	自	*soi-même*

****

LEÇON 16

票	piào	ticket	覀	*est*
快	kuài	vite	忄	*cœur*

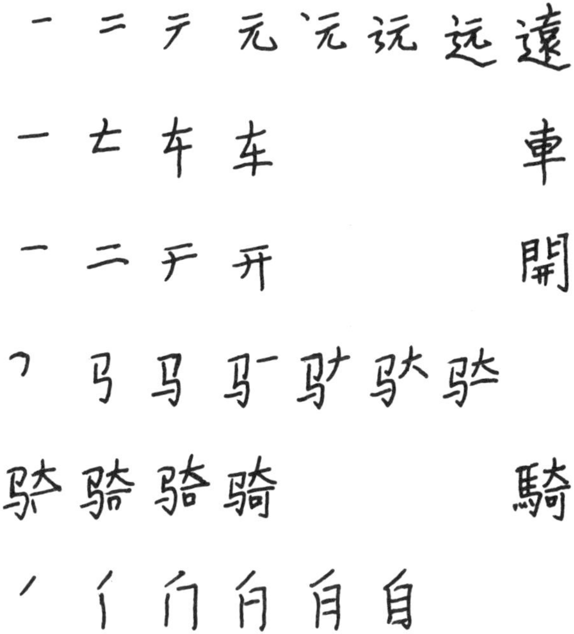

Note : Dans « famille » 家 , sous le toit 宀 , nous trouvons... 豕 : le *cochon !*

****

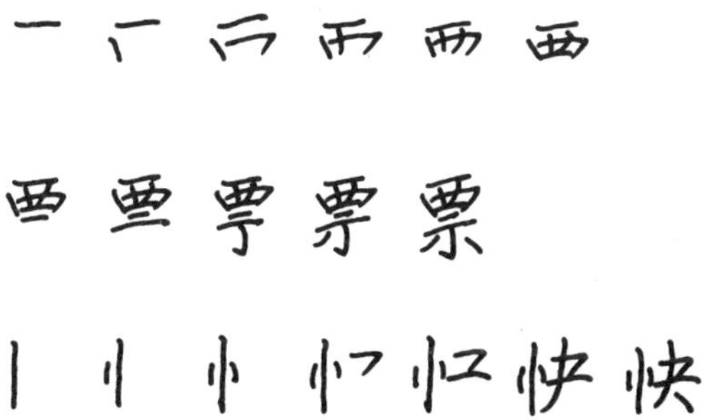

39

里	lǐ	dans	里	*li*
等	děng	attendre	竹	*bambou*
火	huǒ	feu	火	*feu*
半	bàn	demi	丨	*vertical*
还	hái	encore	辶	*marche*
时	shí	temps	日	*soleil*
间	jiān		门	*porte*
多	duō	beaucoup	夕	*veille*
块	kuài	franc	土	*terre*

*****

丨 冂 日 日 旦 甲 里 裏

ノ 𠂉 𥫗 𥫗 𥫗 竹

竺 竺 竺 笙 等 等

丶 丿 小 火

丶 丷 䒑 兰 半

一 丆 不 不 不 还 还 還

丨 冂 日 日 旪 时 时 時

丶 门 门 门 问 间 间 間

ノ 夕 夕 多 多 多

一 十 土 圢 圢 坱 块 塊

*****

钱	qián	argent	钅	*métal, or*
够	gòu	assez	夕	*veille*
了	le	(particule)	亅	*vertical-crochet*

****

LEÇON 17

下	xià	bas	一	*horizontal*
象	xiàng	comme	豕	*porc*

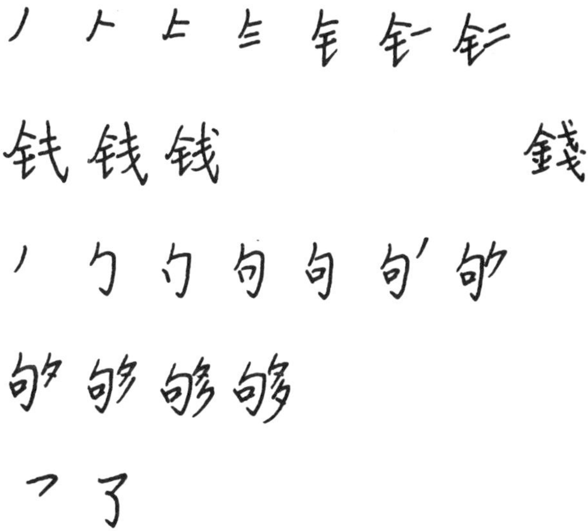

Note : Il existe deux variantes de la clé du cœur. En position inférieure, c'est 心 . En position gauche, on rencontre la variante 忄 . Cette dernière forme peut s'écrire 忄 ou 忄 , selon les habitudes, ou les styles d'écriture.

****

43

雨	yǔ	pluie	雨	*pluie*
公	gōng	public	八	*huit*
园	yuán	jardin	冂	*enceinte*
意	yì	sens	心	*cœur*
思	si		心	*cœur*
事	shì	affaire	亅	*vertical-crochet*
待	dāi	rester	彳	*marche*

Note : 象 a également, dans d'autres contextes, une autre signification : c'est l'*éléphant.*

Pour 意 , on trouve parfois le simplifié ⿱乙心 .

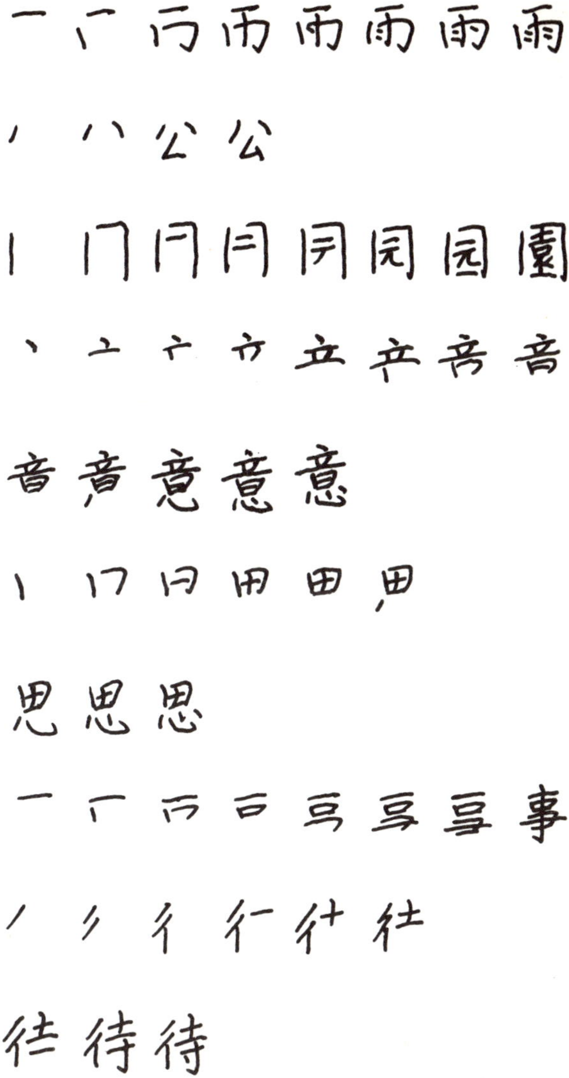

LEÇON 18

马	mǎ	cheval	马	*cheval*
老	lǎo	vieux	耂	*clé 125*
师	shī	maître	巾	*tissu*
姐	jiě	sœur aînée	女	*femme*
候	hóu	temps	亻	*homme*
来	lái	venir	一	*horizontal*
清	qīng	clair	氵	*eau*

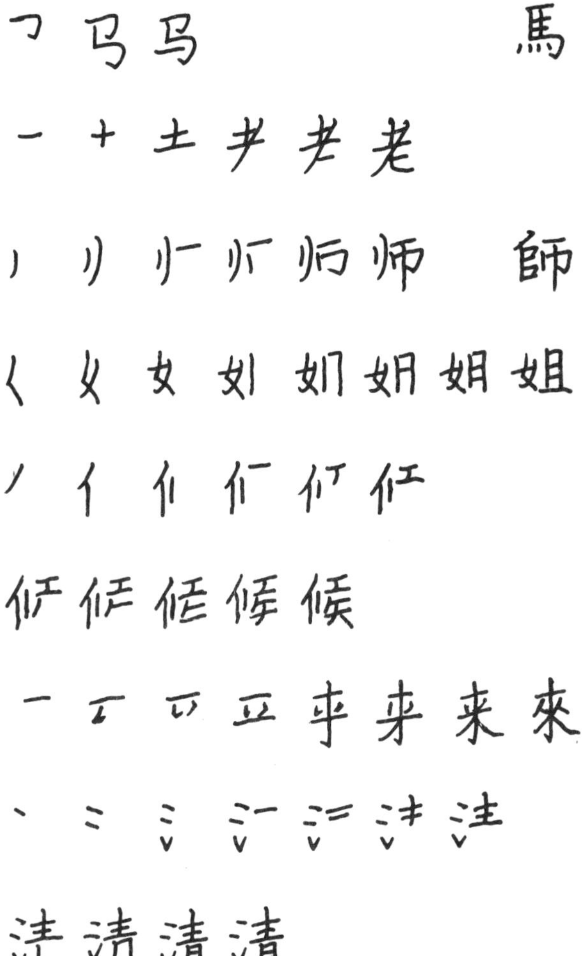
马 马 馬
老
师 師
姐 姐
候
来 來
注
清 清 清

*****

47

楚	chu	clair	疋	*étoffe*
告	gào	prévenir	口	*bouche*
诉	su		讠	*parole*
看	kàn	voir	目	*œil*
病	bìng	maladie	疒	*maladie*
您	nín	vous	心	*cœur*

*****

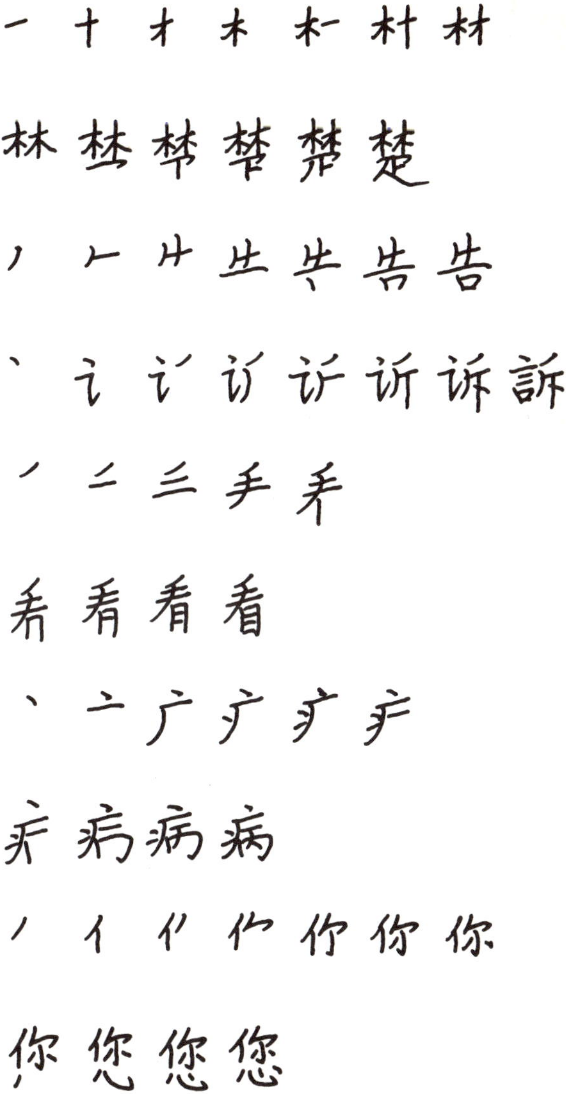

*****

舒	shū	à l'aise	舌	*langue*
服	fu		月	*lune*
姓	xìng	se nommer		*femme*
叫	jiào	appeler	口	*bouche*
宝	bǎo	trésor	宀	*toit*
定	dìng	sûr	宀	*toit*

****

LEÇON 19

怕	pà	avoir peur	忄	*cœur*

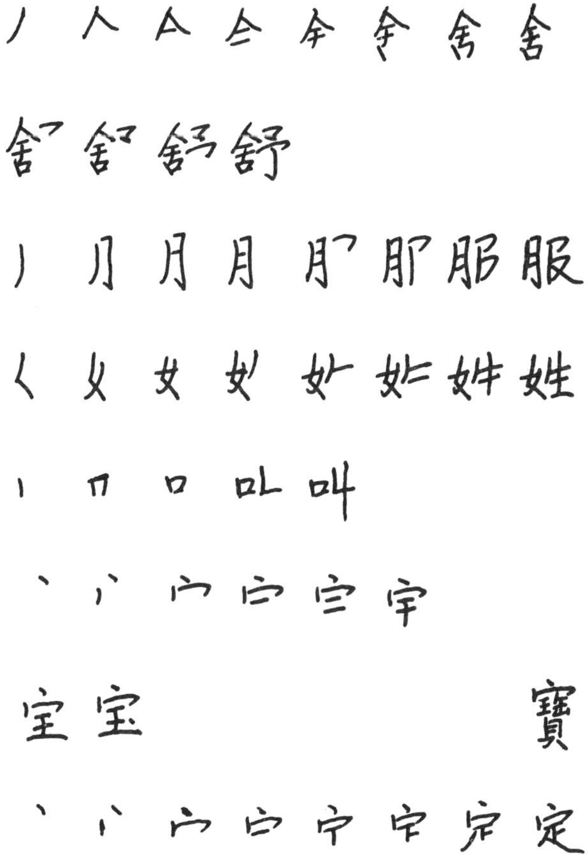

Note : Pour 清 , il existe une simplification non officielle :  .

****

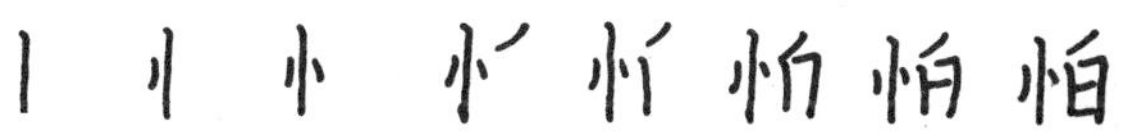

51

路	lù	route	足	*pied*
次	cì	fois	冫	*glace*
能	néng	pouvoir	月	*chair*
最	zuì	le plus	日	*soleil*
打	dǎ	taper	扌	*main*
听	tīng	écouter	口	*bouche*

Remarque : L'ancienne graphie de *écouter* contenait la clé de l'oreille 耳 . Dans le caractère simplifié, on trouve désormais la clé de ... la bouche 口 !

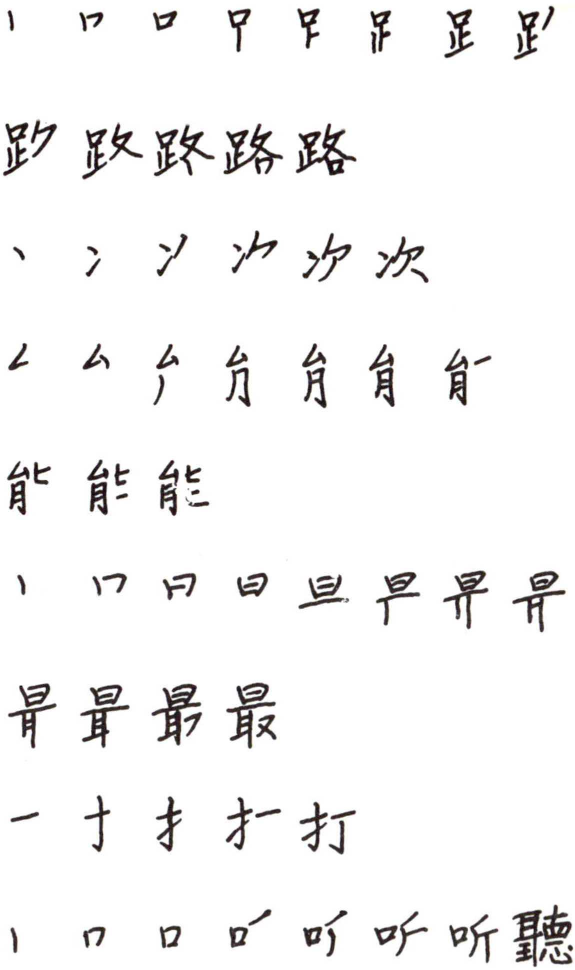

Note : Les dictionnaires récents, dans leur classement par clés, ne font plus de distinction entre la clé 74 月 (la lune) et la clé 130 ⺼ (la chair).

LEÇON 20

两	liǎng	deux	一	*horizontal*
男	nán	masculin	力	*force*
女	nǚ	féminin	女	*femme*
现	xiàn	actuel	王	*roi*

岁	suì	année	山	*montagne*
忘	wàng	oublier	心	*cœur*
真	zhēn	vrai	十	*dix*

*****

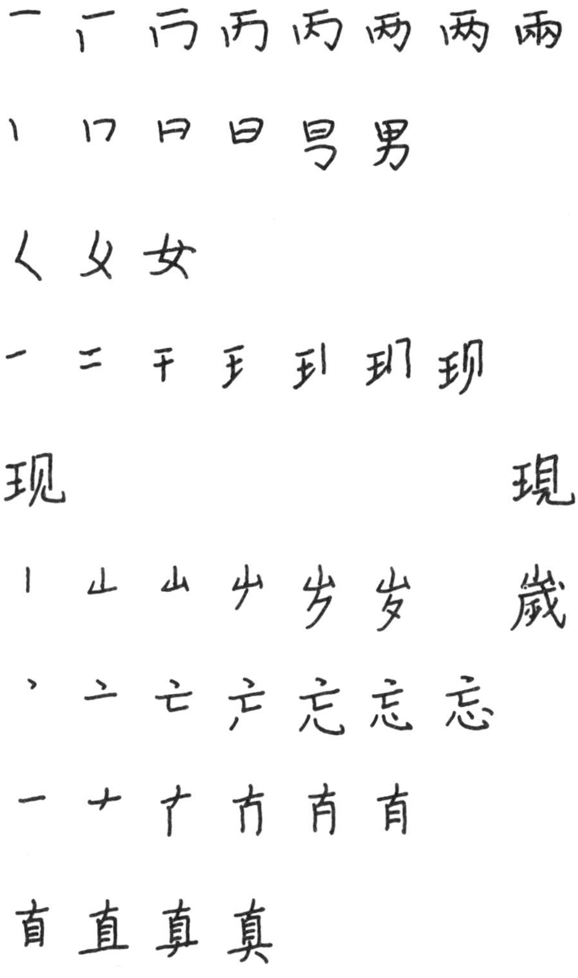
兩
男
女
现 現
岁 歲
忘
直 真

*****

算	suàn	compter	竹	*bambou*
问	wèn	questionner	口	*bouche*

Note : Dans la plupart des dictionnaires, pour certains caractères dont la clé est difficile à déterminer, on adopte un système de classement souple : ces caractères sont rangés sous **plusieurs clés** possibles.

Ainsi, pour 岁 , « année », on pourrait le trouver classé à 夕 (veille), tout comme à 山 (montagne).

****

LEÇON 22

热	rè	chaud	灬	*feu*
情	qíng	sentiments	忄	*cœur*
以	yǐ	avant	人	*homme*

Note : Pour 男 *nán, masculin,* on peut l'écrire de deux façons. Soit **soleil-force,** dans lequel la courbe à gauche de la **force** vient barrer le **soleil** : 日+力:男 , soit **champ-force** ; on écrit **champ,** et, en-dessous, quelque peu séparé, on écrit **force** :  .

****

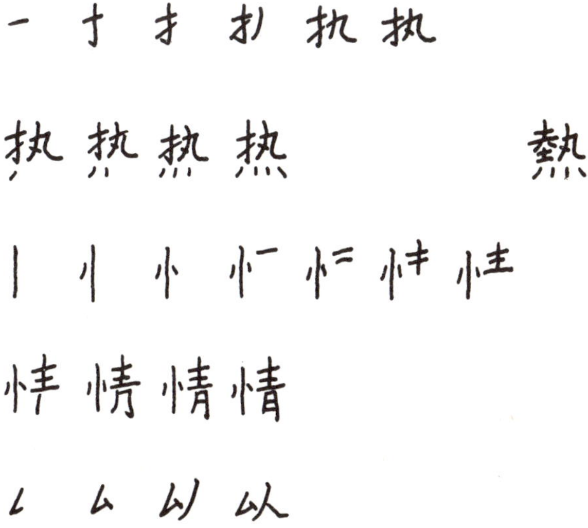

57

前	qián	avant	刂	*couteau*
刚	gāng	venir de	刂	*couteau*
迎	yíng	accueillir	辶	*marche*
学	xué	étudier	子	*fils*
化	huà	changements	亻	*homme*
极	jí	très	木	*bois*
毕	bì	finir	十	*dix*

*****

丶 丷 䒑 产 肖 肯

肯 前 前

丨 冂 冈 冈 刚 刚 剛

丿 𠂊 卬 卬 卬 迎 迎

丶 丷 丷 ⺍ ⺍

学 学 学 學

丿 亻 仆 化

一 十 才 木 朩

朸 极 极 極

一 匕 比 比 毕 毕 畢

*****

业	yè	domaine	业	*domaine*
专	zhuān	spécialement	一	*horizontal*
历	lì	histoire	厂	*abri*
史	shǐ		口	*bouche*

****

LEÇON 23

奇	qí	bizarre	大	*grand*
怪	guài		忄	*cœur*
抽	chōu	tirer	扌	*main*
枝	zhī	(spécificatif)	木	*bois*

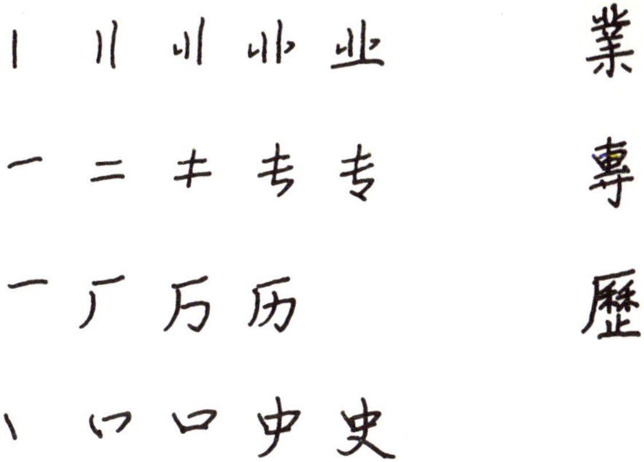

Note : Pour 情 , il existe une simplification non officielle : 忄青 .

****

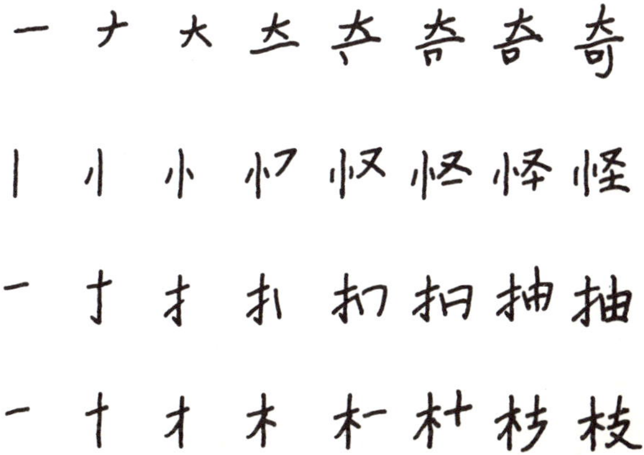

谢	xiè	merci	讠	*parole*
烟	yān	fumée	火	*feu*
筷	kuài	baguettes	⺮	*bambou*
用	yòng	utiliser	用	*utiliser*
啊	a	ah !	口	*bouche*
才	cái	ne que	一	*horizontal*

Note : Lorsqu'il s'agit de caractères qui ont été simplifiés en 1956, nous donnons toujours, en fin de ligne, la version

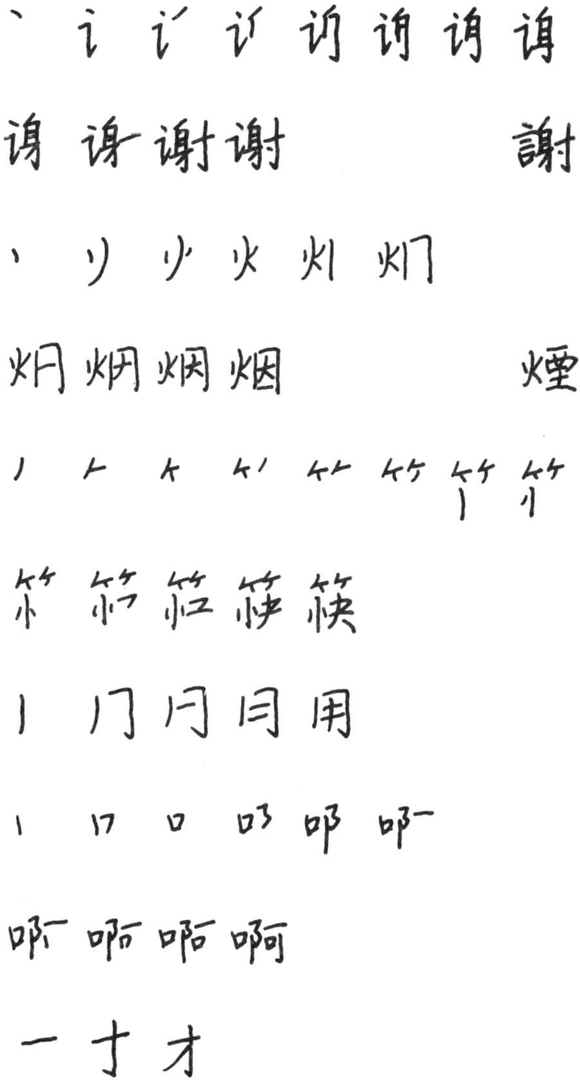

non simplifiée, encore en usage à Hong Kong, à Taiwan, ou dans les ouvrages anciens.

LEÇON 24

进	jìn	entrer	辶	*marche*
城	chéng	ville	土	*terre*
礼	lǐ	semaine	礻	*rites*
拜	bài		丿	*courbe*
跟	gēn	avec	足	*pied*
到	dào	vers	刂	*couteau*

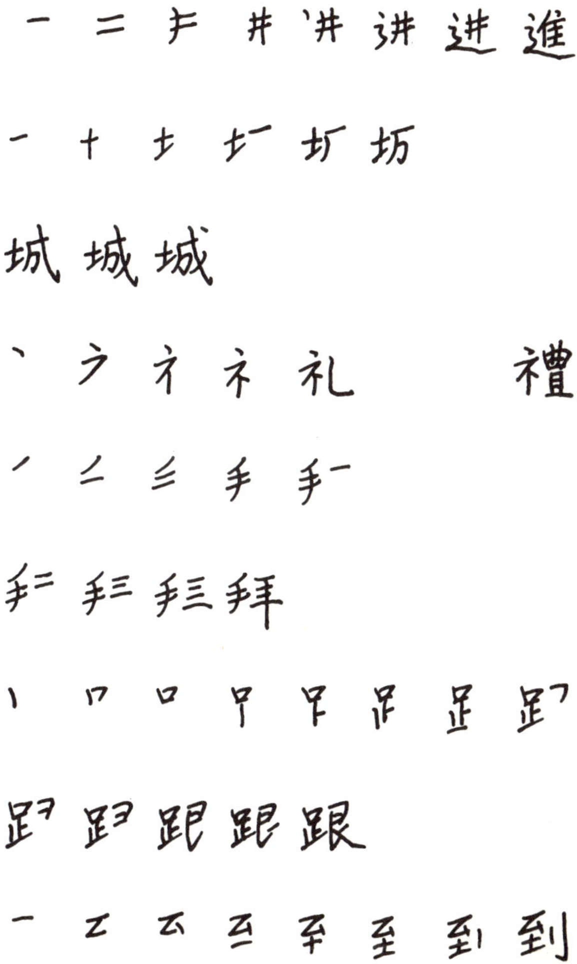

65

南	nán	sud	十	*dix*
京	jīng	capitale	亠	*abri*
商	shāng	commerce	亠	*abri*
都	dōu	tous	阝	*oreille*
各	gè	chaque	口	*bouche*
种	zhǒng	sorte	禾	*céréales*

*****

一 十 广 冇 冇 冇

冇 南 南

丶 亠 亠 亩 亩 亨 京 京

丶 亠 亠 亠 产 产 产

产 商 商 商

一 十 土 耂 耂 者 者

者 都 都

ノ 夕 夂 冬 各 各

ノ 二 千 禾 禾 禾

和 和 种 種

*****

百	bǎi	cent	一	*horizontal*
货	huò	marchandises	贝	*coquillage, cauris*
馆	guǎn	salle	饣	*aliments*
接	jiē	recevoir	扌	*main*

****

LEÇON 25

门	mén	porte	门	*porte*
长	cháng	long	丿	*courbe*

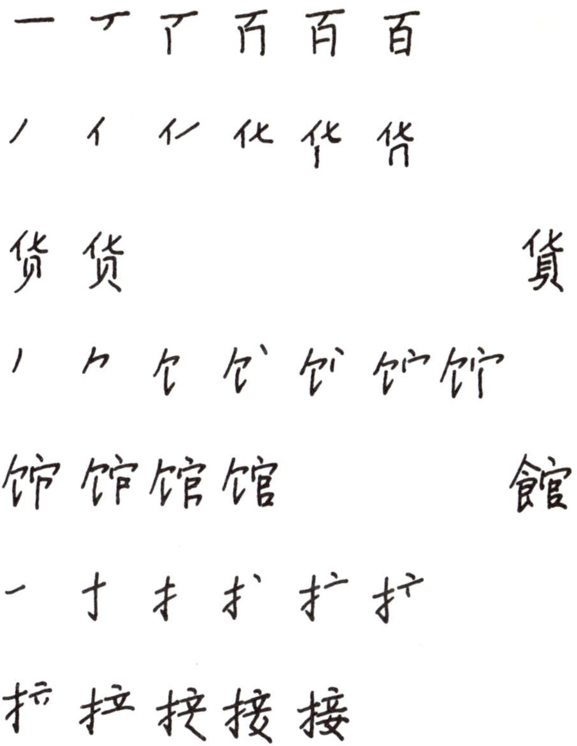

Note : Les *cauris* étaient des coquillages qui, dans l'antiquité, servaient de monnaie.

****

概	gài	en gros	木	*bois*
午	wǔ	midi	午	*midi*
请	qǐng	inviter	讠	*parole*
先	xiān	d’abord	丿	*courbe*
上	shàng	monter	一	*horizontal*
共	gòng	ensemble	八	*huit*
汽	qì	vapeur	氵	*eau*
坐	zuò	s’asseoir	土	*terre*

一 十 才 木 木ㄱ 木彐 木彐 根

根 根 根 概 概

丿 𠂉 𠂉 午

丶 讠 讠一 讠二 讠丰 讠圭

讠丰 请 请 请 請

丿 𠂉 𠂉 生 先 先

丨 卜 上

一 十 廾 廿 共 共

丶 冫 氵 氵 氵𠂉 氵𠂉 汽 滊

丿 人 人丿 从 丛 坐 坐

71

站	zhàn	station	立	*debout*
口	kǒu	bouche	口	*bouche*
后	hòu	après	厂	*abri*
再	zài	ensuite	一	*horizontal*
换	huàn	changer	扌	*main*
反	fǎn	envers	又	*encore*
正	zhèng	endroit	止	*stopper*

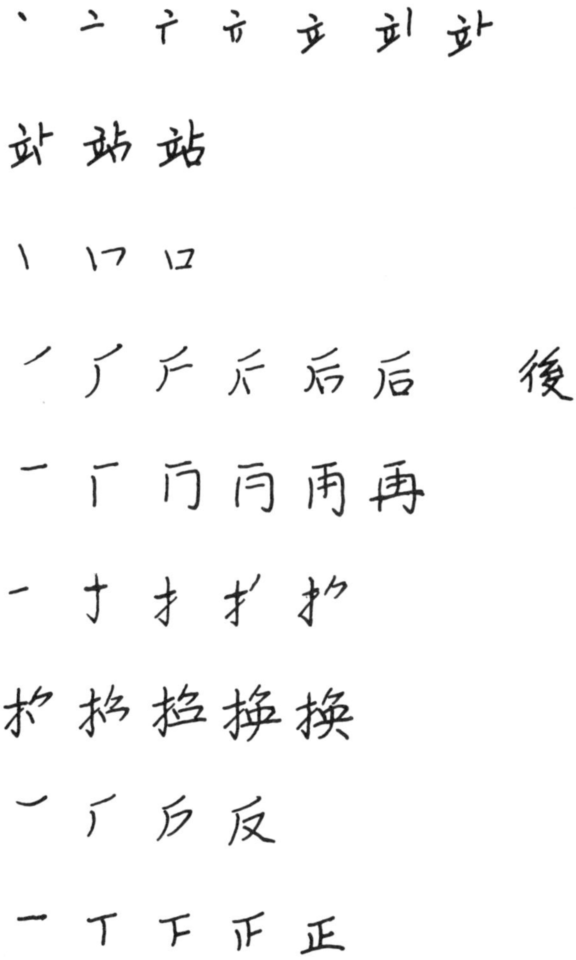

Note : Pour 请 , il arrive de rencontrer la simplification 访.

LEÇON 26

决	jué	décider	冫	*glace*
俩	liǎ	deux personnes	亻	*homme*
结	jié	nouer	纟	*soie*
婚	hūn	mariage	女	*femme*
张	zhāng	(nom)	弓	*arc*
红	hóng	rouge	纟	*soie*
月	yuè	mois	月	*lune*

丶 冫 冫 冮 决 决

丿 亻 亻 亻 仃

仃 俩 俩 俩 倆

ㄥ 纟 纟 纟 纟 纟

纟 结 结 結

𡿨 女 女 女 女 女 女氏

女氏 婚 婚 婚

㇇ コ 弓 弓 弓 张 张 張

ㄥ 纟 纟 纟 纟 红 紅

丿 冂 月 月

昨	zuó	hier	日	*soleil*

****

LEÇON 27

北	běi	nord	匕	*cuiller*
陈	chén	(nom)	阝	*oreille*
生	shēng	naître	生	*naître*
已	yǐ	déjà	已	*déjà*
经	jīng	passer	纟	*soie*
教	jiāo	enseigner	攵	*lettres*

丨 冂 月 日 日丿 日𠂉

日𠂉 日乍 昨

****

丨 亅 丬 丬乚 北

乛 阝 阝一 阝七 阵 阵 陈 陳

丿 𠂉 𠂉二 牛 生

乛 コ 已

𠃋 幺 纟 纟フ 纟又 经

经 经 經

一 十 土 耂 耂 孝 孝

教 教 教 教

肯	kěn	accepter	止	*stopper*
法	fǎ	loi	氵	*eau*
为	wèi	pour	丶	*point*
因	yīn	car	囗	*enceinte*
得	de	(particule)	彳	*marche*

****

LEÇON 29

旅	lǚ	tourisme	方	*carré*

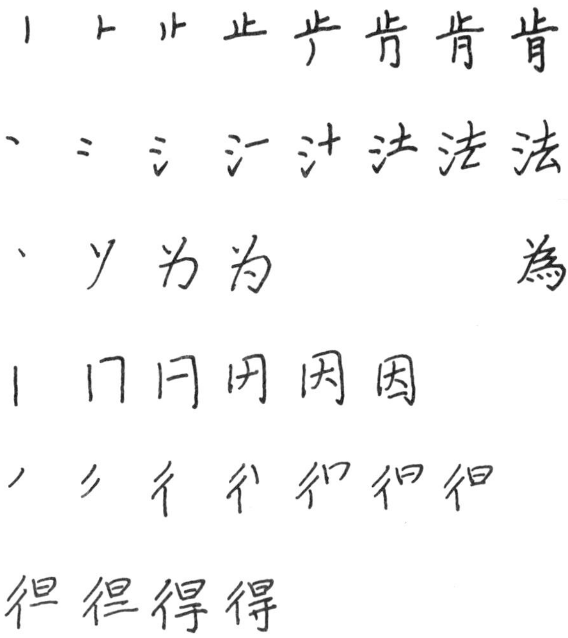

Note : Attention dans 已 (yǐ) à **fermer à moitié**. Ce n'est ni 巳 (sì), ni 己 (jǐ) !

****

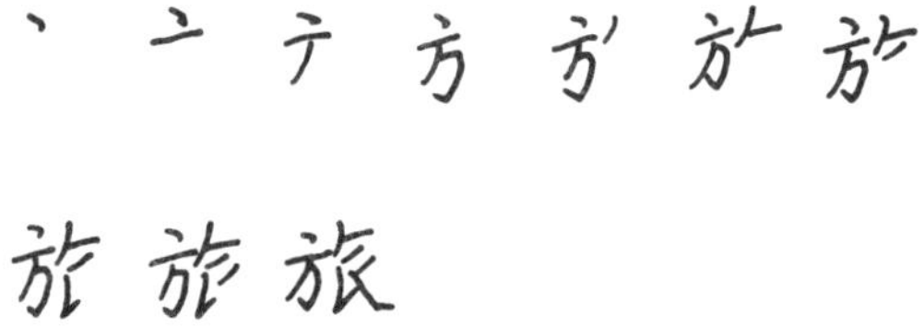

错	cuò	erreur	钅	*métal*
水	shuǐ	eau	水	*eau*
己	jǐ	soi	己	*soi*
今	jīn	aujourd'hui	人	*homme*

****

LEÇON 30

喝	hē	boire	口	*bouche*
渴	kě	avoir soif	氵	*eau*

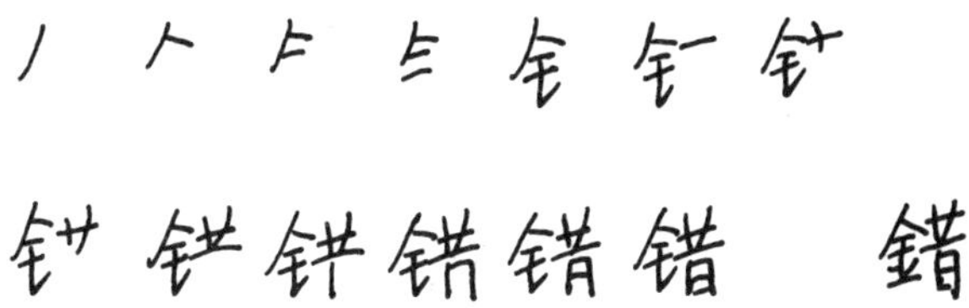

Note : Pour 乙 , veiller à **ouvrir totalement ! Ce n'est ni** 已 **(yǐ)**, ni 巳 (sì) !

****

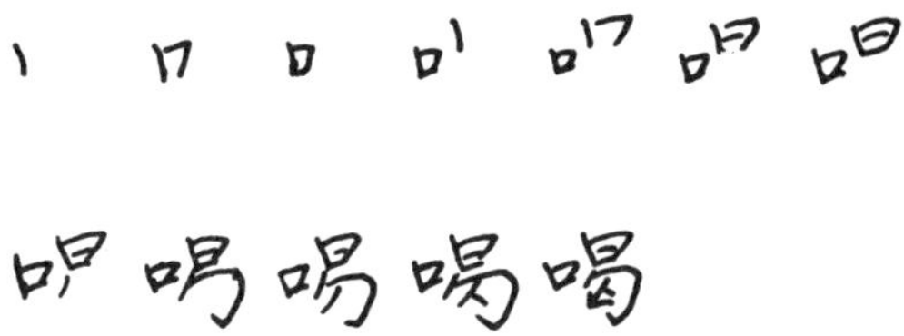

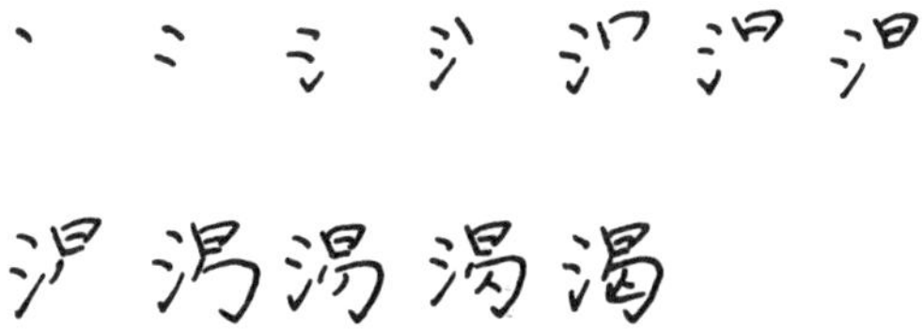

茶	chá	thé	艹	*herbe*
近	jìn	proche	辶	*marche*
忙	máng	occupé	忄	*cœur*
班	bān	organisme	王	*roi*

****

LEÇON 31

该	gāi	devoir	讠	*parole*

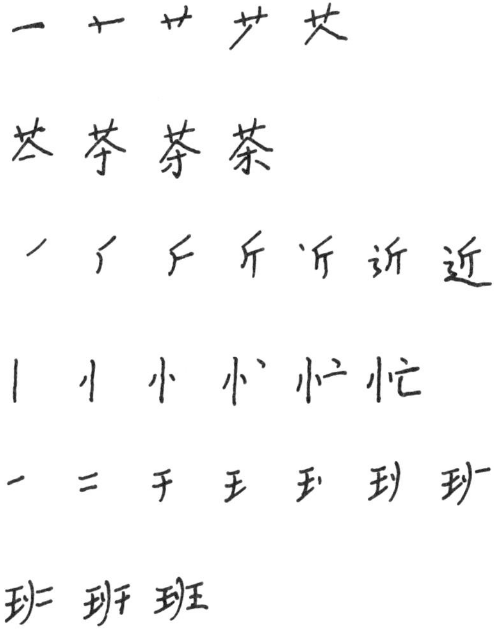

****

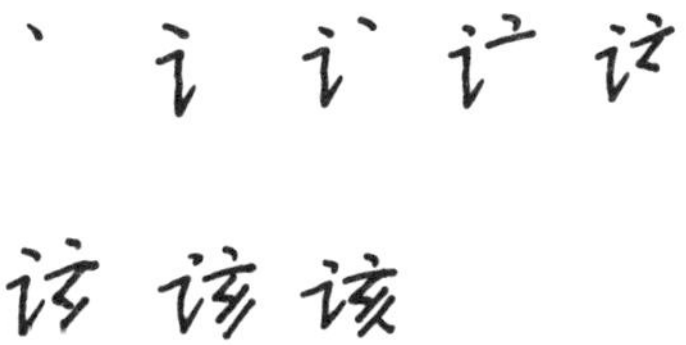

該

桥	qiáo	pont	木	*bois*
牌	pái	carte	片	*tranche*

****

LEÇON 32

地	dì	terre	土	*terre*
方	fāng	carré	方	*carré*
重	chóng	à nouveau	里	*li*
庆	qìng	fêter	广	*large*

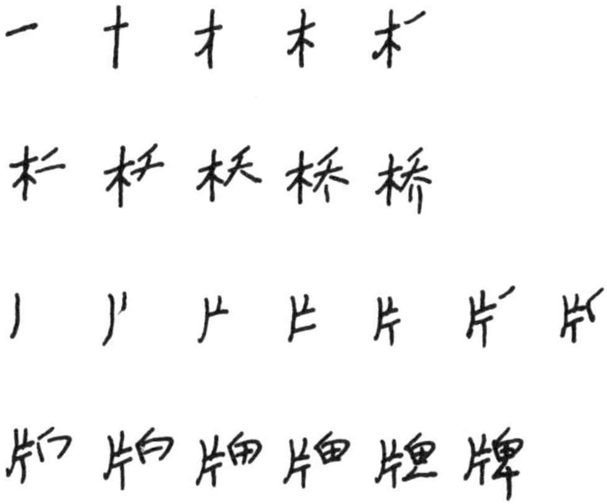

橋

****

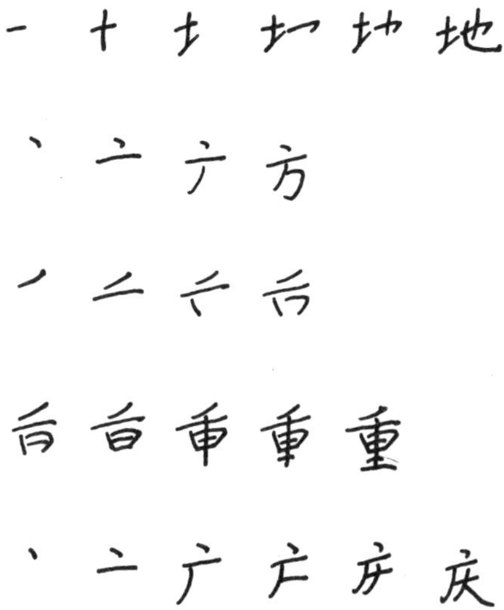

慶

年	nián	année	丿	*courbe*
做	zuò	faire	亻	*homme*
觉	jué	trouver	见	*voir*
卖	mài	vendre	十	*dix*
东	dōng	est	一	*horizontal*
工	gōng	travail	工	*travail*
厂	chǎng	usine	厂	*abri*

*****

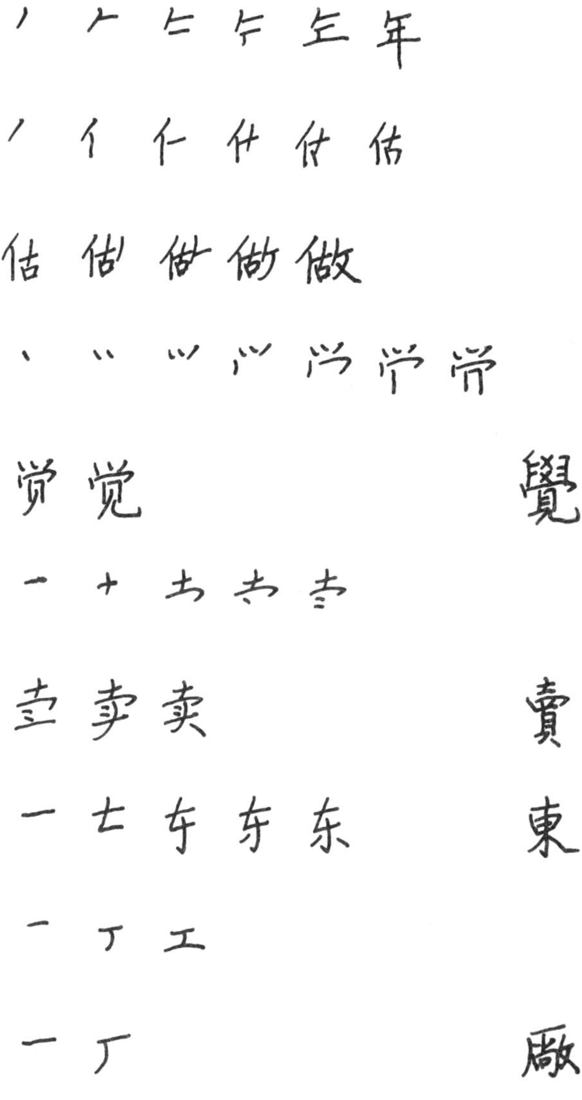

*****

海	hǎi	mer	氵	*eau*

Conseil : Ne pas vous tromper entre 买 mǎi *acheter* et 卖 mài *vendre !* Seule différence : la croix sur mài.

****

LEÇON 33

难	nán	difficile	又	*encore*
话	huà	paroles	讠	*parole*
字	zì	caractère	宀	*toit*
比	bǐ	comparé à	匕	*cuiller*

Note : Il existe deux variantes pour « faire » (zuò) : 做 est plutôt employé pour des mouvements concrets, alors que l'on rencontre plutôt 作 dans des concepts abstraits.

****

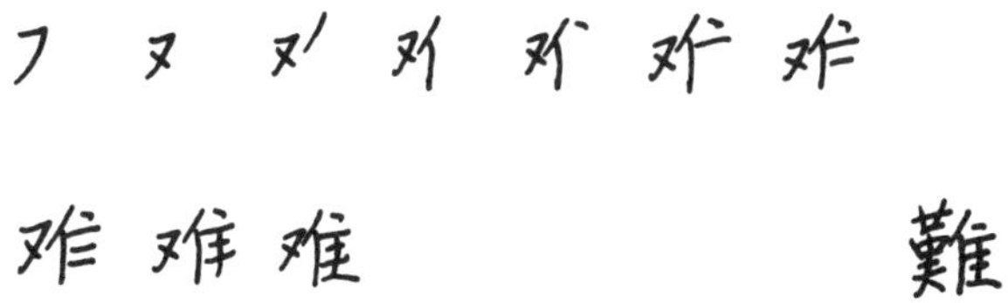

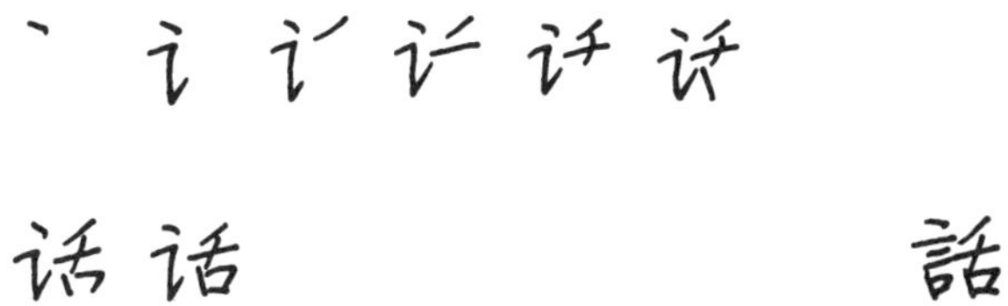

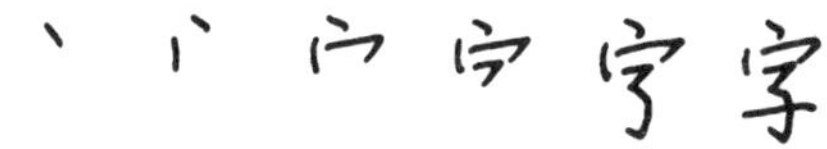

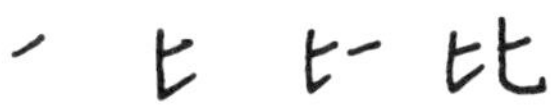

较	jiào, jiāo	relativement	车	*véhicule*
容	róng	facile	宀	*toit*
易	yì		日	*soleil*
花	huā	fleur, dépenser	艹	*herbe*
录	lù	enregistrer	水	*eau*
机	jī	machine	木	*bois*
广	guǎng	vaste	广	*vaste*
和	hé	et	禾	*céréales*

*****

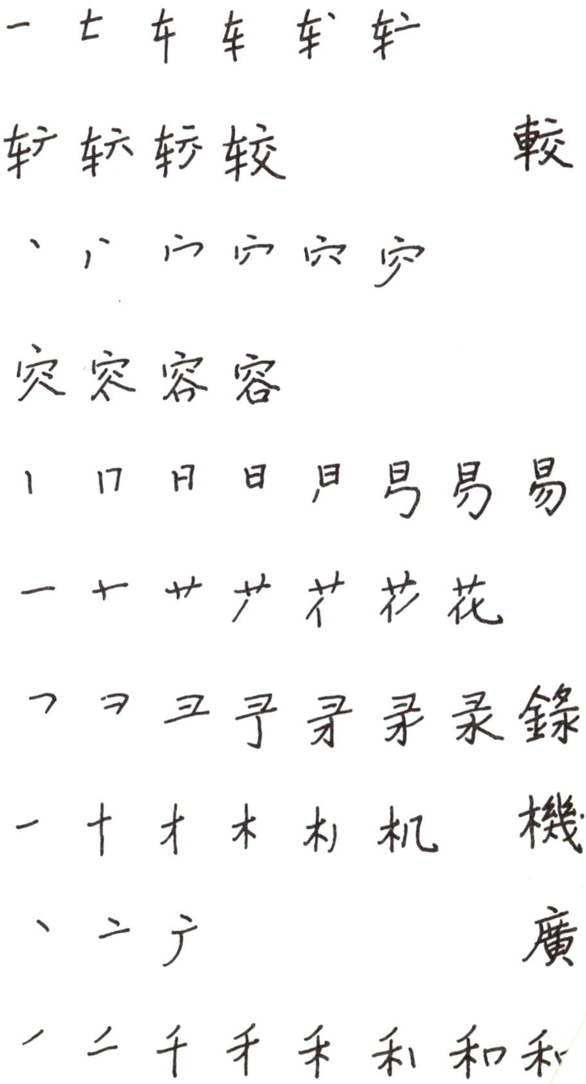
较 較
容
易
花
录 錄
机 機
广 廣
和

*****

懂	dǒng	comprendre	忄	*cœur*

Note : Il existe, pour 懂 , une simplification « sauvage »: 怺 (on garde la clé du cœur, mais, à droite, en guise d'élément phonétique, on écrit le caractère « hiver », dōng).

****

LEÇON 34

复	fù	de nouveau	夂	*clé 35*
习	xí	exercice	冫	*glace*

****

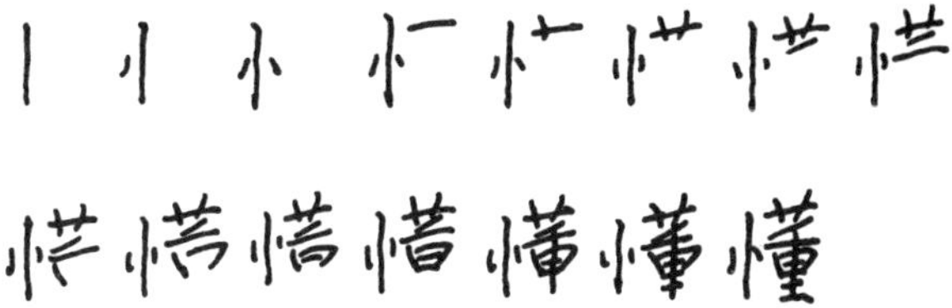

****

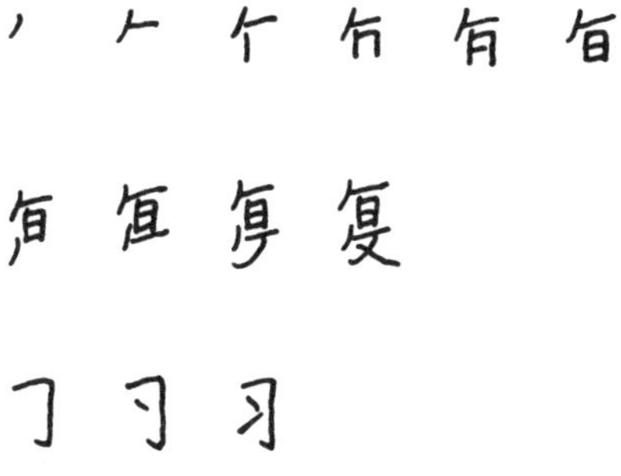

複

習

****

LEÇON 36

信	xìn	lettre	亻	*homme*
给	gěi	pour	纟	*soie*
封	fēng	sceller	寸	*pouce*
妈	mā	mère	女	*femme*
另	lìng	autre	力	*force*
放	fàng	poser	文	*lettres*

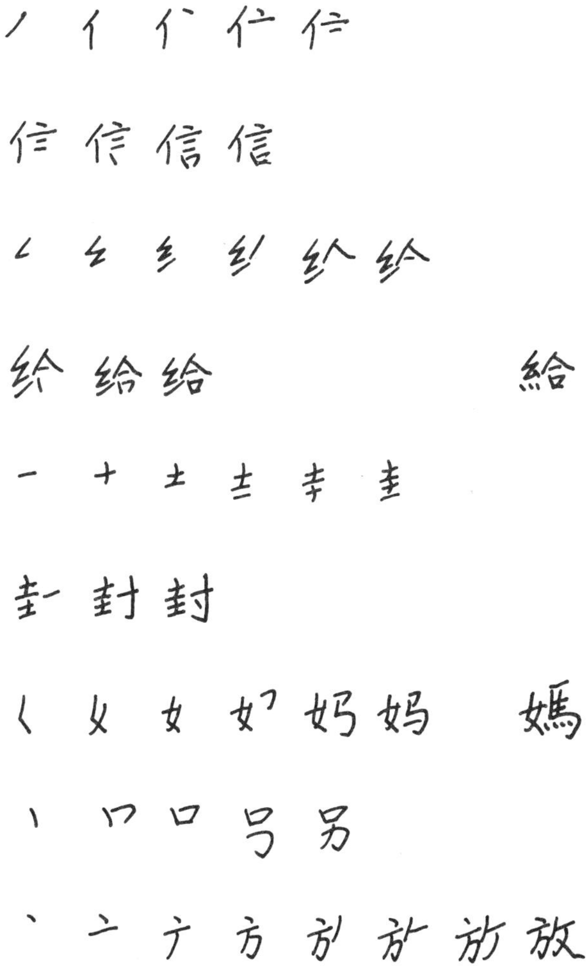
信
给 給
封
妈 媽
另
放

假	jià	congés	亻	*homme*
早	zǎo	tôt	日	*soleil*
同	tóng	ensemble	门	*enceinte*
板	bǎn	planche	木	*bois*

Conseil :
Si vous apprenez dès maintenant la signification des caractères, pris isolément, il pourra vous être plus aisé plus tard de comprendre la signification de certains mots dans lesquels ces caractères entrent en composition.

****

LEÇON 37

讲	jiǎng	exposer	讠	*parole*
亿	yì	cent millions	亻	*homme*
止	zhǐ	arrêter	止	*stopper*

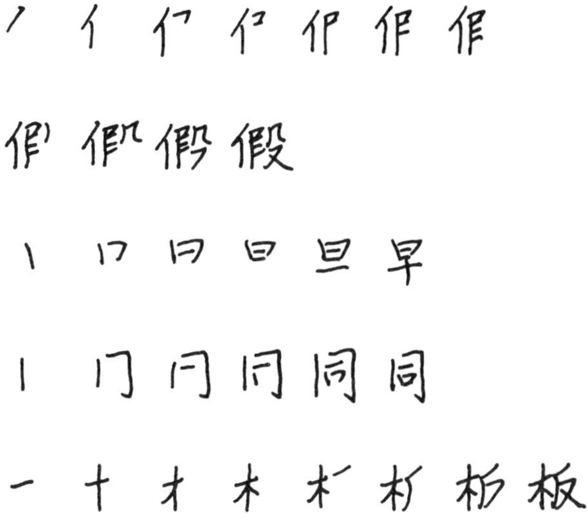

Ainsi, avec 同 *tóng* (ensemble, à l'unisson, même), nous pourrons rencontrer 同年 *tóngnián* (être né la même année), 同意 *tóngyì* (être du même avis), 同学 *tóngxué* (camarade de classe), 同志 *tóngzhì* (camarade militant), etc.

****

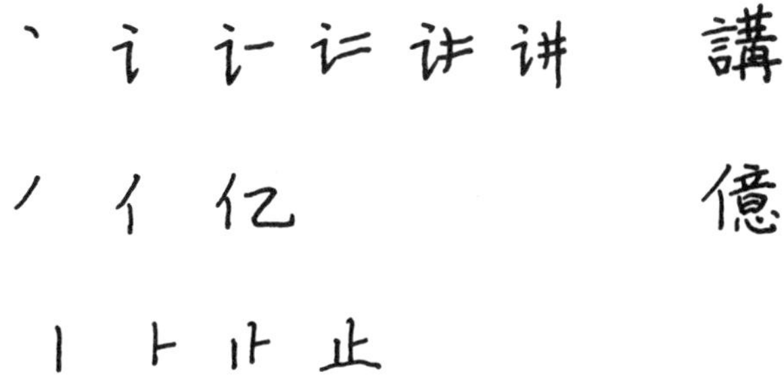

题	tí	problème	页	*feuille*
杂	zá	complexe	木	*bois*
藏	zàng	tibétain	艹	*herbe*
内	nèi	interne	门	*enceinte*
蒙	měng	mongol	艹	*herbe*
言	yán	langue	言	*langue*

*****

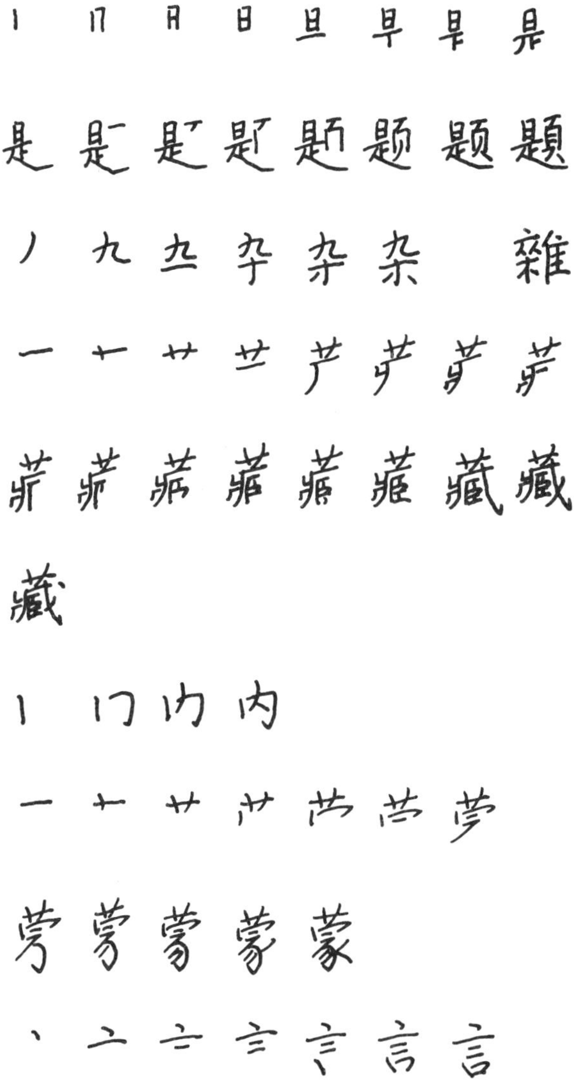

*****

州	zhōu	district	川	*rivière*
句	jù	phrase	口	*bouche*

****

LEÇON 38

飞	fēi	voler	乙	*clé 5*
场	chǎng	terrain	土	*terre*
非	fēi	ne pas	丨	*vertical*
		souvent		
常	cháng	souvent	巾	*tissu*
高	gāo	haut	亠	*toit*
		content		
兴	xìng	heureux	八	*huit*

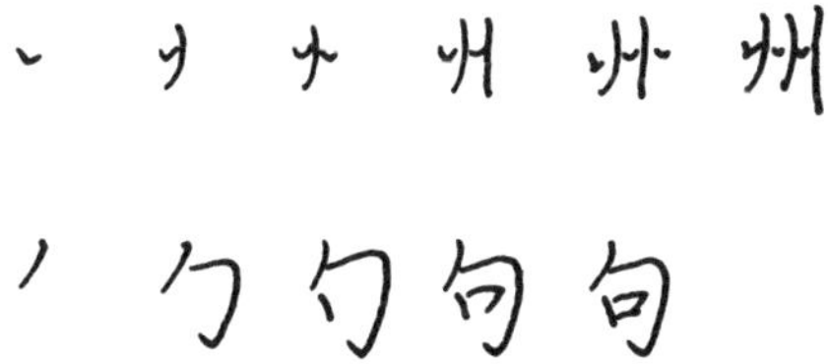

****

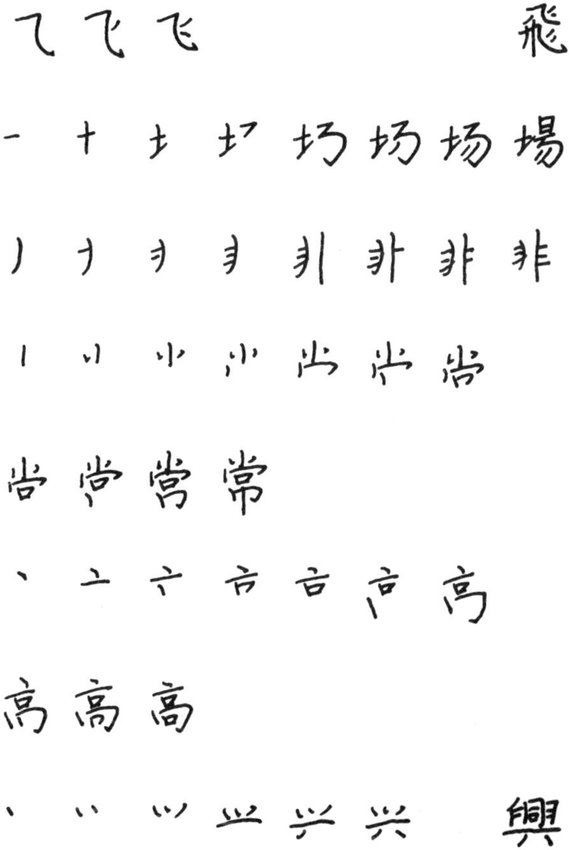

位	wèi	(spécificatif)	亻	*homme*
授	shòu	transmettre	扌	*main*
介	jiè	présenter	人	*huit*
绍	shào, shao		纟	*soie*
原	yuán	origine	厂	*abri*
谅	liàng	pardonner	讠	*parole*

*****

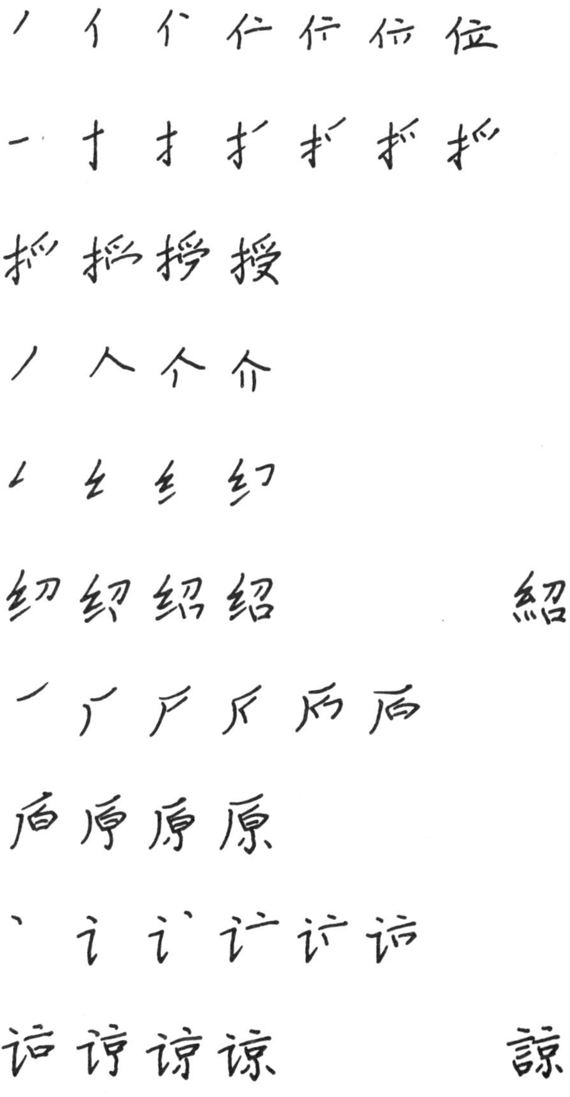

*****

关	guān ⎤	fermer	丷	
		rapports		
系	xì ⎦	rapports	糸	*soie*
如	rú	comme	女	*femme*
果	guǒ	fruit	木	*bois*
慢	màn	lent	忄	*cœur*
零	líng	zéro	雨	*pluie*
况	kuàng	situation	冫	*glace*
只	zhǐ	seulement	八	*huit*

*****

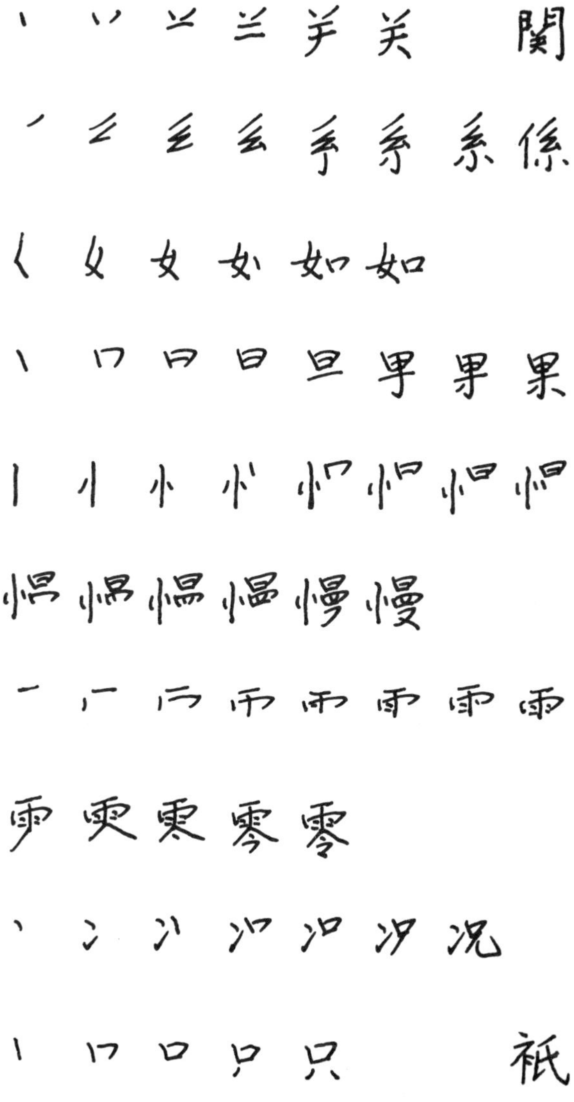
関
係
如
果
慢
零
況
只
祇

*****

熟	shóu, shú	mûr	灬	*feu*
悉	xī	familier	心	*cœur*
司	sī	services	𠃌	
带	dài	porter	巾	*tissu*

Note : Pour *zéro,* on écrit parfois 〇 . C'est un zéro, mais que les Chinois évrivent *un peu plus grand* que le chiffre romain 0.

****

LEÇON 39

电	diàn	électricité	日	*soleil*

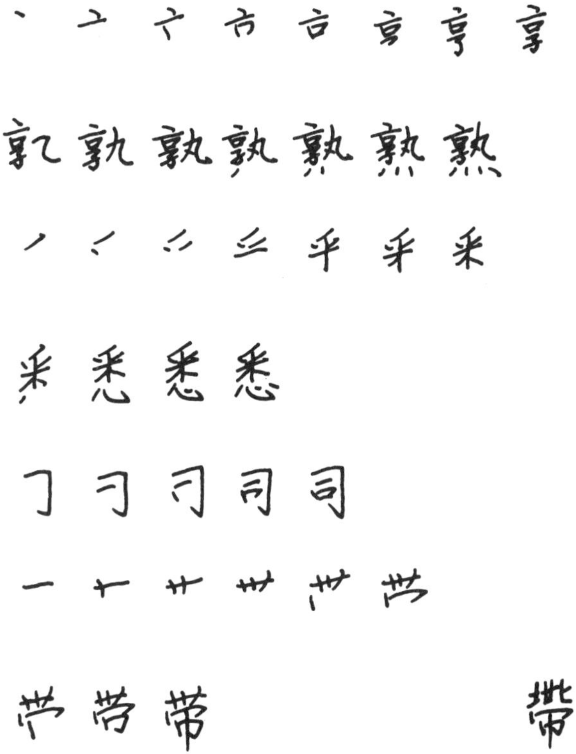

Attention à ne pas confondre 兴 *(xìng)* et 光 *(guāng)* !

****

喂	wèi	allo !	口	*bouche*
找	zhǎo	chercher	扌	*main*
志	zhì	volonté	心	*cœur*
久	jiǔ	longtemps	丿	*courbe*
谈	tán	bavarder	讠	*parole*
空	kòng	moment libre	宀	*toit*
麻	má	chanvre	广	*large*

*****

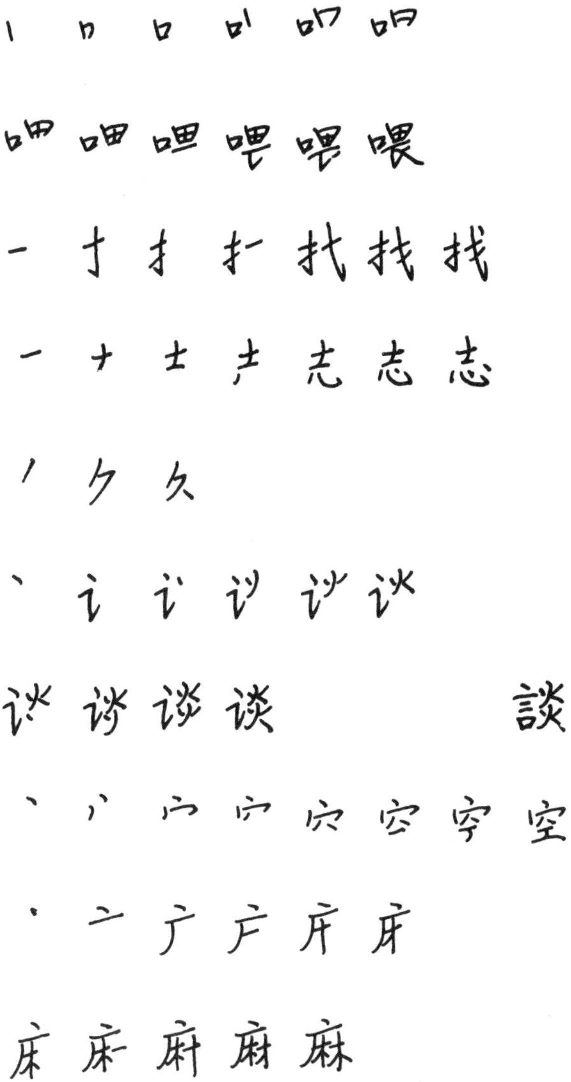

*****

烦	fán	ennuyé	火	*feu*
饺	jiǎo	ravioli	饣	*aliments*

****

LEÇON 40

参	cān	visiter	厶	*clé 28*
观	guān	voir	见	*voir*
研	yán	recherche	石	*pierre*
究	jiū		宀	*toit*

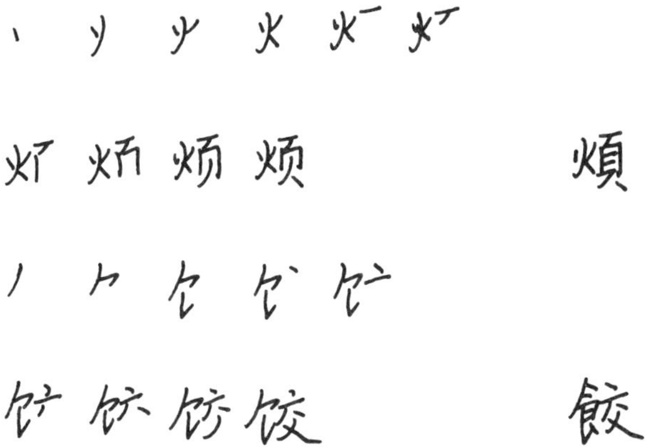

****

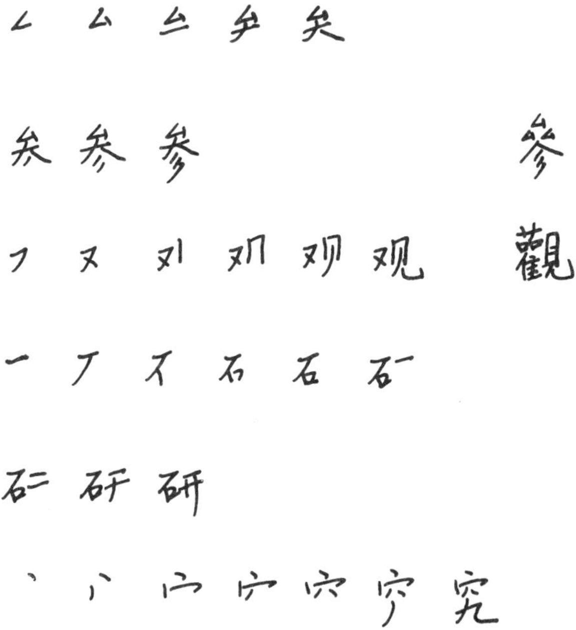

所	suǒ	centre	斤	*livre*
成	chéng	devenir	戈	*hallebarde*
立	lì	ériger	立	*debout*
主	zhǔ	principal	丶	*point*
搞	gǎo	faire	扌	*main*

计	jì	compter	讠	*parole*
产	chǎn	production	立	*debout*
由	yóu	par	田	*champ*

*****

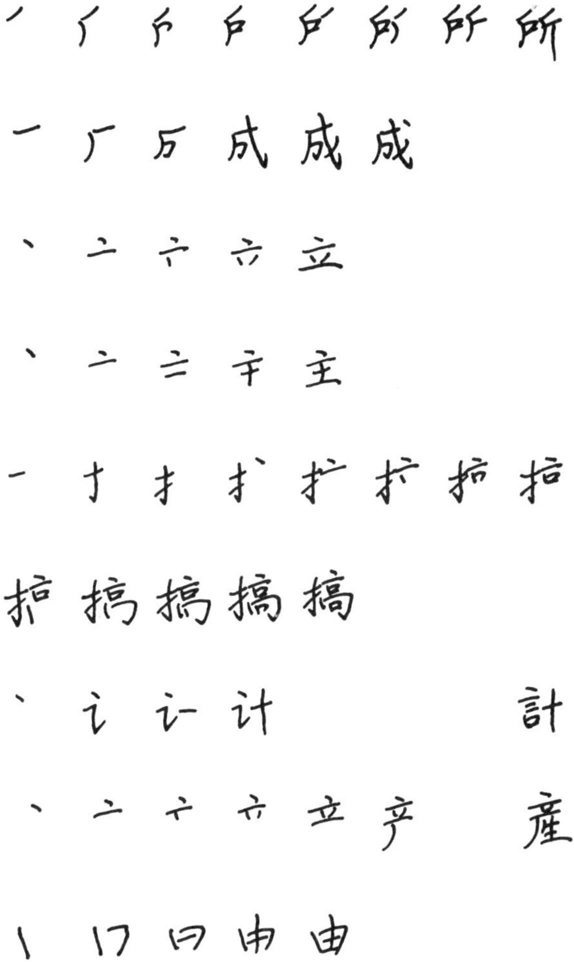

*****

单	dān	seul	丷	*clé 12*
负	fù	se charger de	贝	*coquillage, cauris*
责	zé	responsable	贝	*coquillage, cauris*
无	wú	ne pas avoir	一	*horizontal*
线	xiàn	fil	纟	*soie*
完	wán	finir	宀	*toit*

****

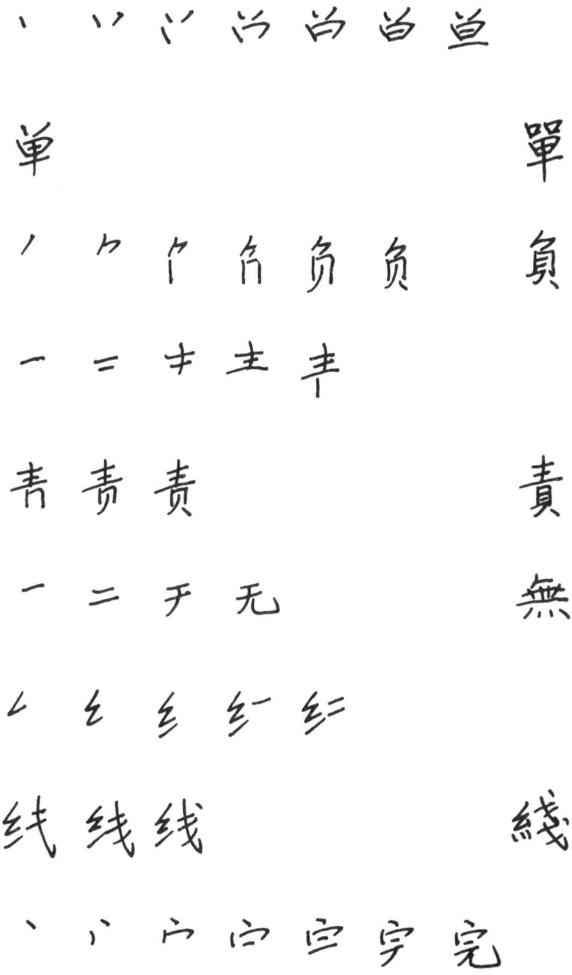

****

Leçon 40

LEÇON 41

演	yǎn	jouer	氵	*eau*
排	pái	rangée	扌	*main*
戏	xì	théâtre	戈	*hallebarde*
者	zhě	celui qui	耂	*clé 125*
舍	shè (shě)	maison	人	*homme*
死	sǐ	mort	一	*horizontal*
世	shì	monde	一	*horizontal*

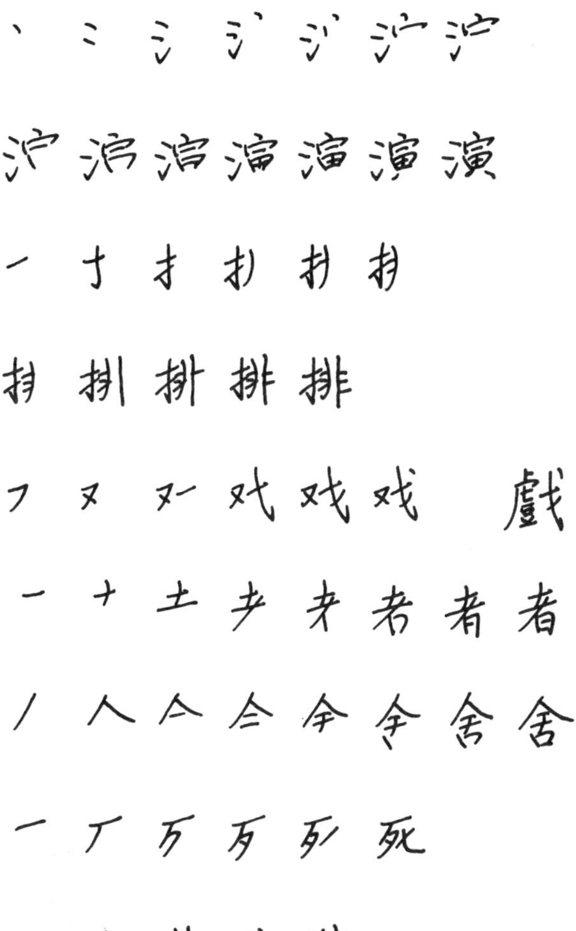
演
排
戏 戲
者
舍
死
世

惜	xī	regretter	忄	*cœur*
休	xiū	se reposer	亻	*homme*
息	xī	se reposer	心	*cœur*
份	fèn	(spécificatif)	亻	*homme*

****

LEÇON 43

满	mǎn	plein	氵	*eau*
哥	gē	frère aîné	一	*horizontal*

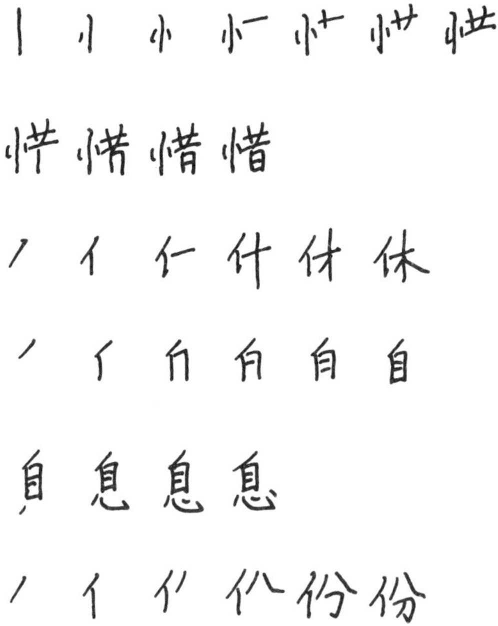

****

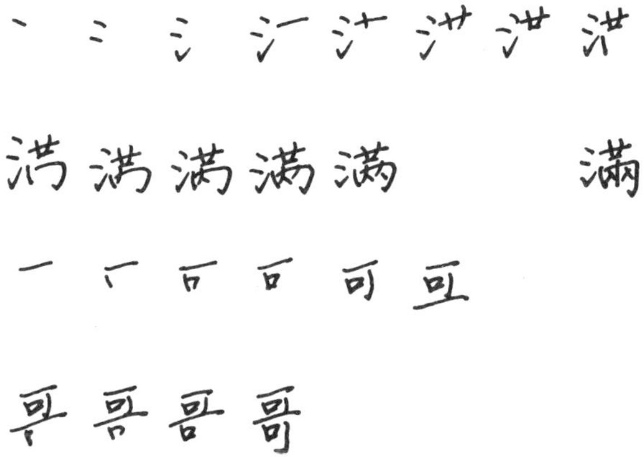

收	shōu	recevoir	攵	*lettres*
活	huó	vivant	氵	*eau*
惯	guàn	habitué	忄	*cœur*
胖	pàng	gros	月	*chair*
香	xiāng	parfumé	日	*soleil*

*****

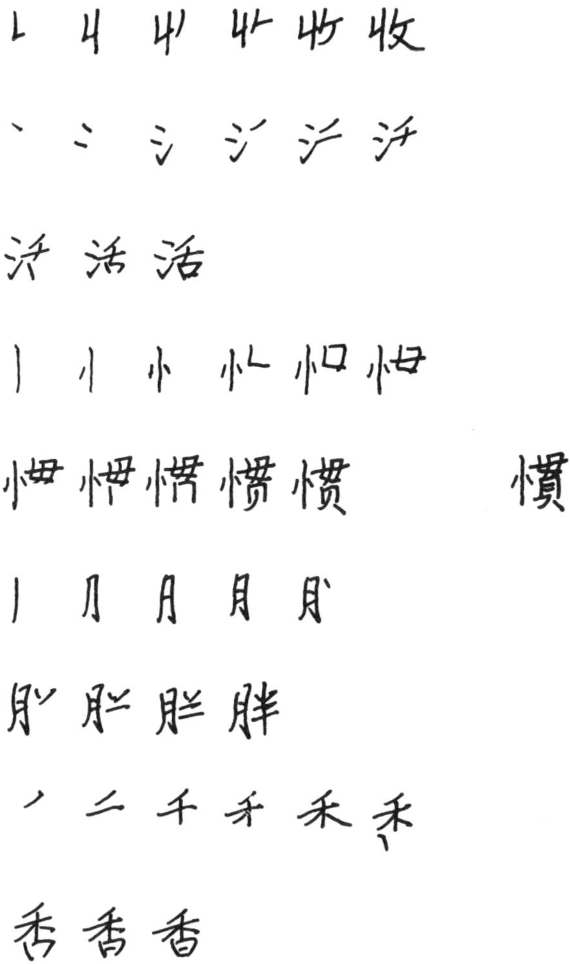

*****

121

港	gǎng	port	氵	*eau*

****

LEÇON 44

猪	zhū	cochon	犭	*animal*
肉	ròu	viande	肉	*viande*
毛	máo	poil	毛	*poil*
斤	jīn	livre	斤	*livre*
别	bié	autre	刂	*couteau*
肠	chǎng	entrailles	月	*viande*

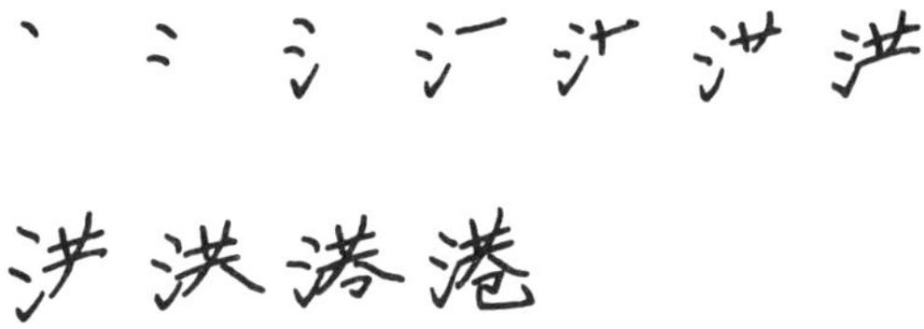

****

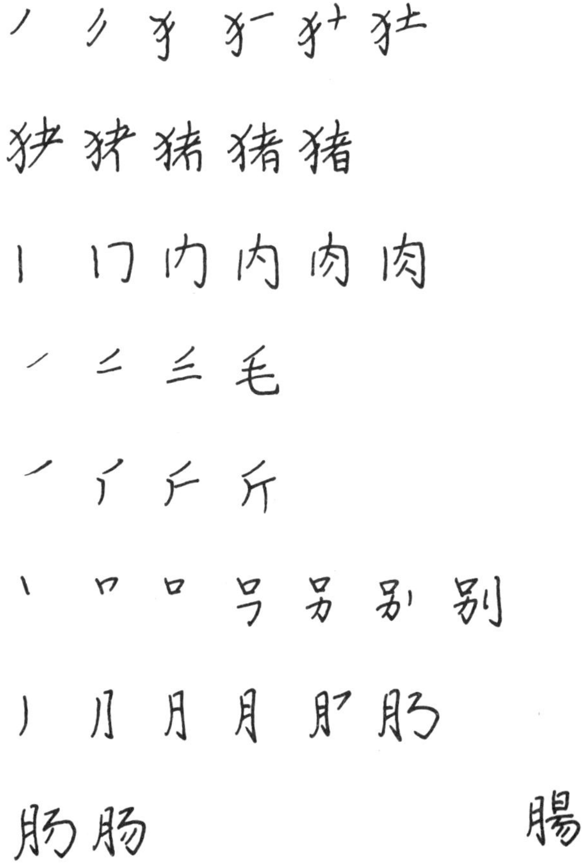

特	tè	spécial	牛	*bœuf*
少	shǎo	peu	小	*petit*

****

LEÇON 45

外	wài	extérieur	卜	*divination*
边	biān	côté	辶	*marche*
春	chūn	printemps	日	*soleil*
本	běn	racine	木	*bois*

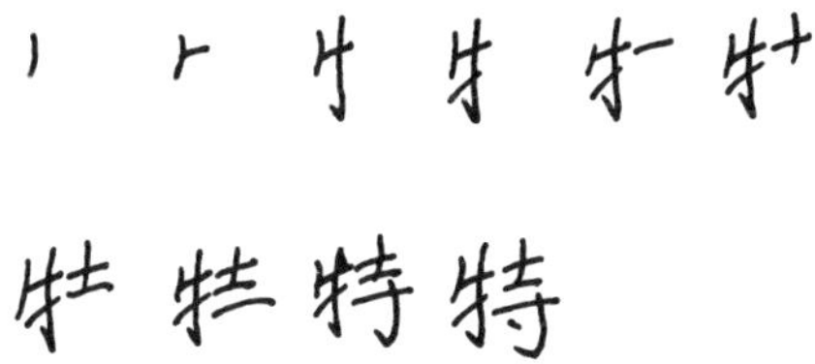

Attention :
Pour 毛 , le premier trait est une **courbe à gauche,** alors que les deux suivants sont des **horizontaux** !

****

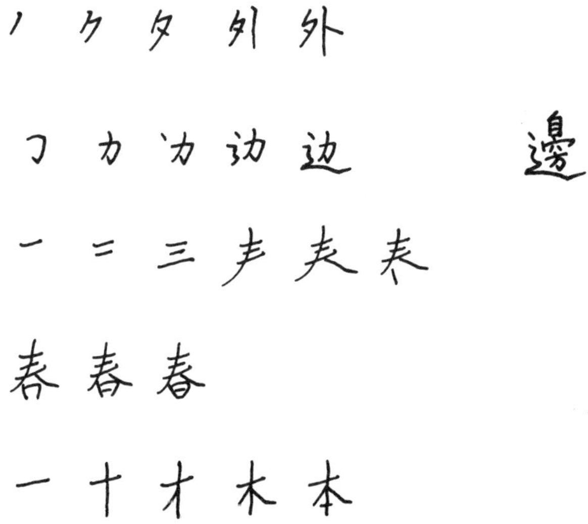

125

感	gǎn	éprouver	戈	*cœur*
冒	mào	risquer	日	*soleil*
让	ràng	faire que	讠	*parole*
需	xū	devoir	雨	*pluie*
实	shí	réel	宀	*toit*

*****

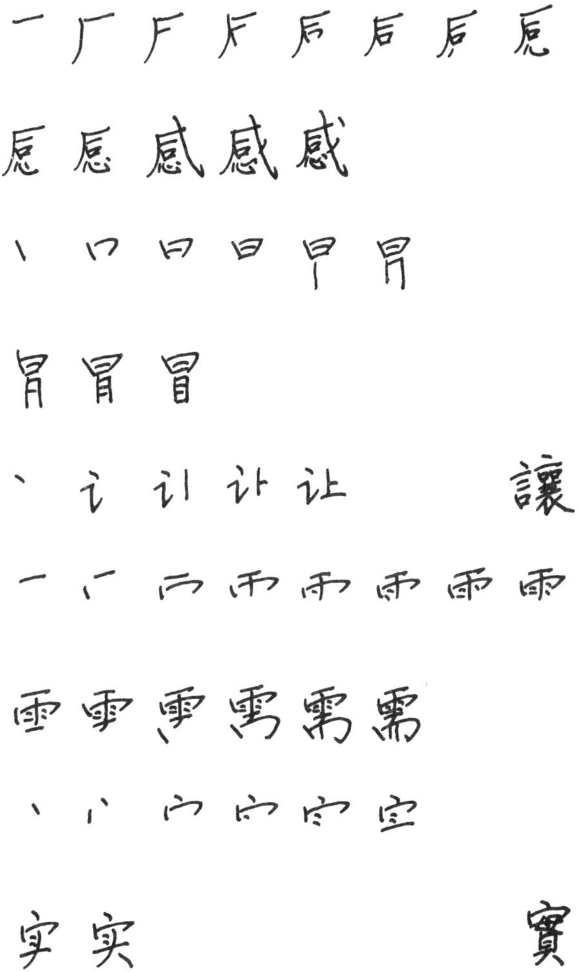

Note : Pour 感 , il existe une simplification « sauvage » : 忎.

借	jiè	prêter	亻	*homme*
应	yīng	devoir	广	*abri*

****

LEÇON 46

Aucun vocabulaire nouveau n'étant introduit dans cette leçon, nous passerons directement à la leçon suivante.

****

LEÇON 47

属	shǔ	appartenir	尸	*cadavre*
爸	bà	père	父	*paternel*
牛	niú	bœuf	牛	*bœuf*
动	dòng	bouger	力	*force*

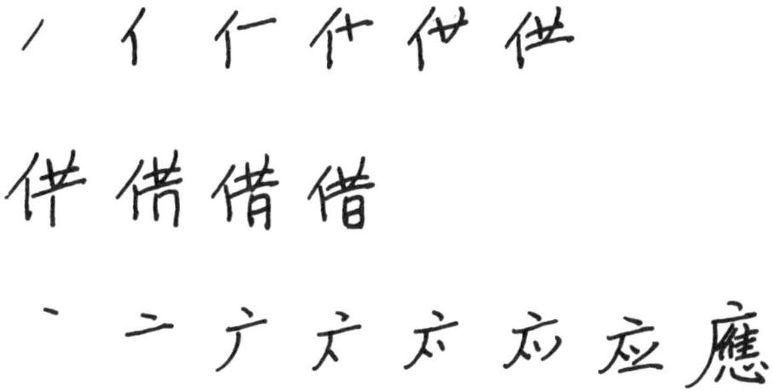

****

*****

****

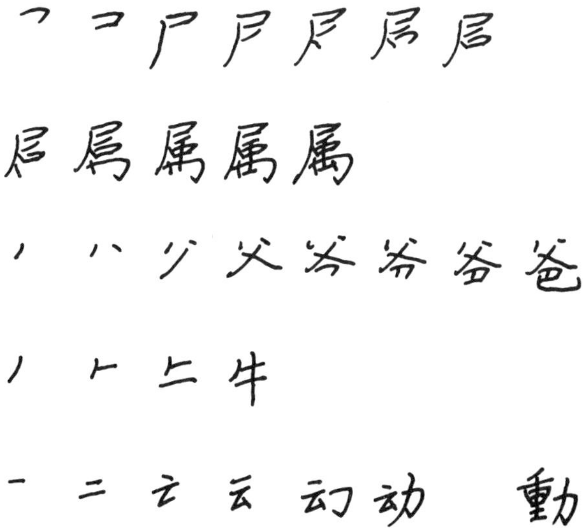

129

物	wù	chose	牛	*bœuf*
鼠	shǔ	rat	鼠	*rat*
虎	hǔ	tigre	虎	*tigre*
兔	tù	lapin	儿	*fils*
龙	lóng	dragon	龙	*dragon*
蛇	shé	serpent	虫	*insecte*
羊	yáng	mouton	羊	*mouton*

*****

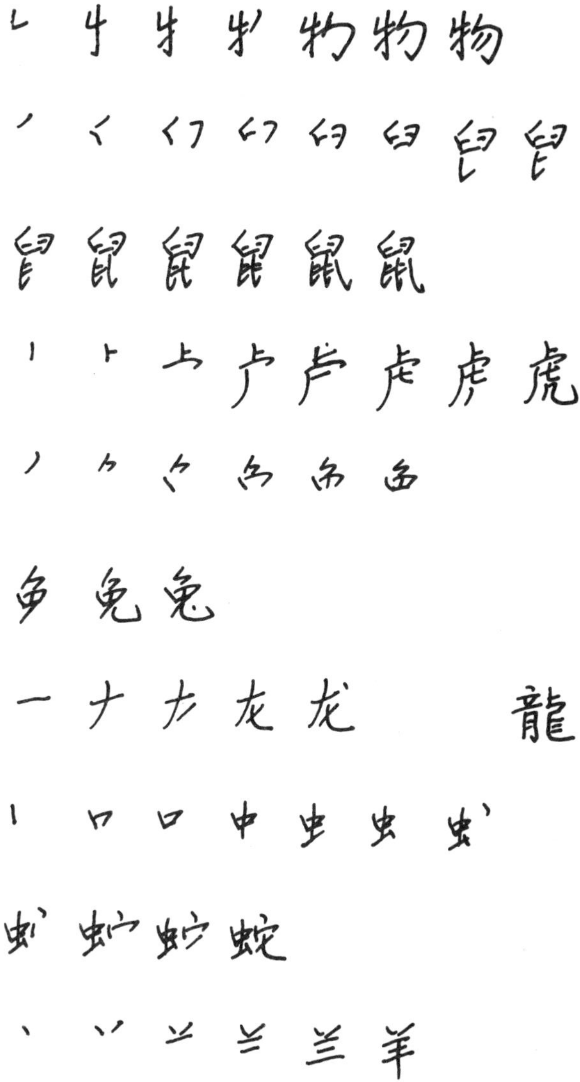

*****

猴	hóu	singe	犭	*animal*
鸡	jī	poule	鸟	*oiseau*
狗	gǒu	chien	犭	*animal*

****

LEÇON 48

号	hào	numéro	口	*bouche*
星	xīng	étoile	日	*soleil*
期	qī	période	月	*lune*
加	jiā	ajouter	力	*force*

猴

鸡 雞

狗

****

号 號

星

其

期

加

坡	pō	pente	土	*terre*
嗯	ǹg	eh !	口	*bouche*
准	zhǔn	juste	冫	*glace*
分	fēn	minute	刀	*couteau*
钟	zhōng	horloge	钅	*métal*

****

LEÇON 50

急	jí	pressé	心	*cœur*

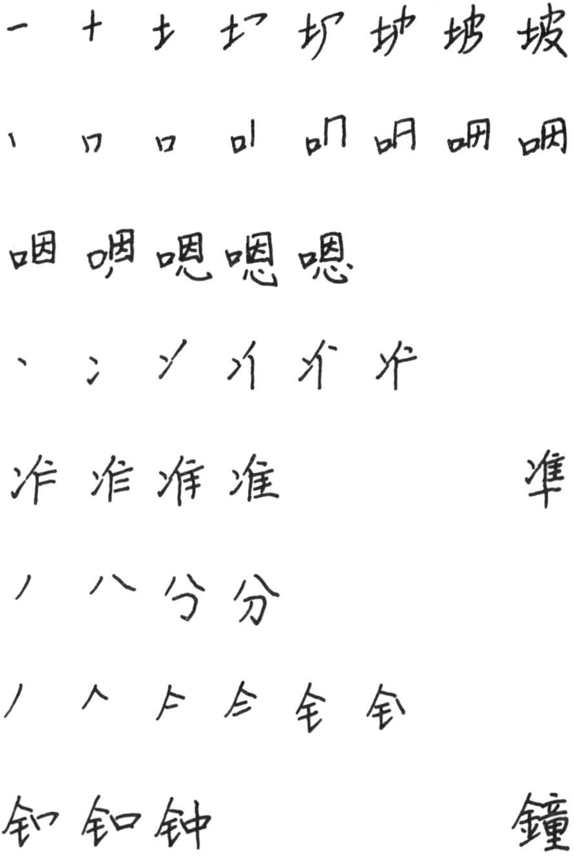

****

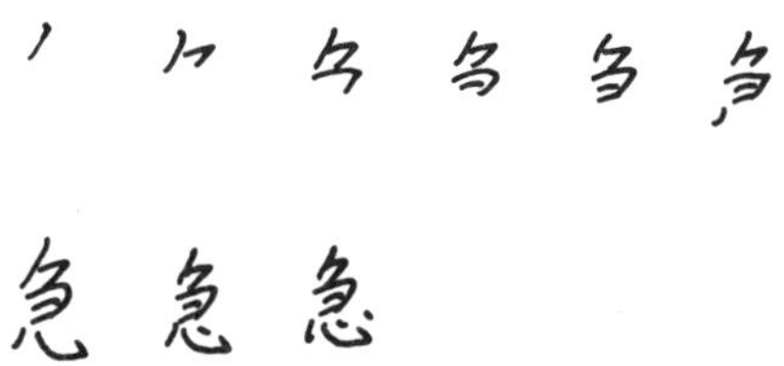

135

糊	hú	étourdi	米	*riz*
涂	tú		氵	*eau*
备	bèi	préparer	田	*champ*
堆	duī	tas	土	*terre*
送	sòng	offrir	辶	*marche*

*****

丶 丷 䒑 半 米 米 米 籵

籵 粘 粘 粘 糊 糊 糊

丶 冫 氵 氵 汵 汵 汵

涂 涂 涂 塗

丿 ク 夂 冬 各 各

备 备 備

一 十 土 圵 圵 圻 圻 堆

堆 堆 堆

丶 丷 䒑 兰 关 关 关

送 送

*****

恐	kǒng	craindre	心	*cœur*
超	cháo	dépasser	走	*marche*
重	zhòng	(voir chóng, leçon 32)	日	*soleil*
又	yòu	à nouveau	又	*à nouveau*

Note : Certains caractères chinois peuvent avoir deux lectures possibles, avec deux significations différentes. Ainsi 重 peut se lire zhòng, et signifier « lourd ». Il peut

****

LEÇON 51

从	cóng	de	人	*homme*

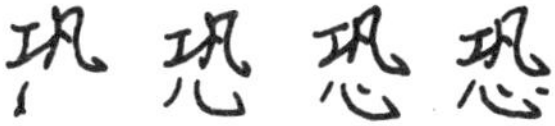

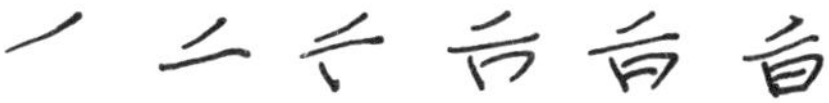

se lire chóng, et signifier « à nouveau ». Il importe de bien savoir distinguer les deux prononciations, en fonction du contexte.

****

图	tú	dessin	口	*enceinte*
干	gàn	faire	干	*faire*
嘛	má	(particule)	口	*bouche*
词	cí	mot	讠	*parole*
典	diǎn	registre	八	*huit*
科	kē	sciences	禾	*céréales*
技	jì	technique	扌	*main*

*****

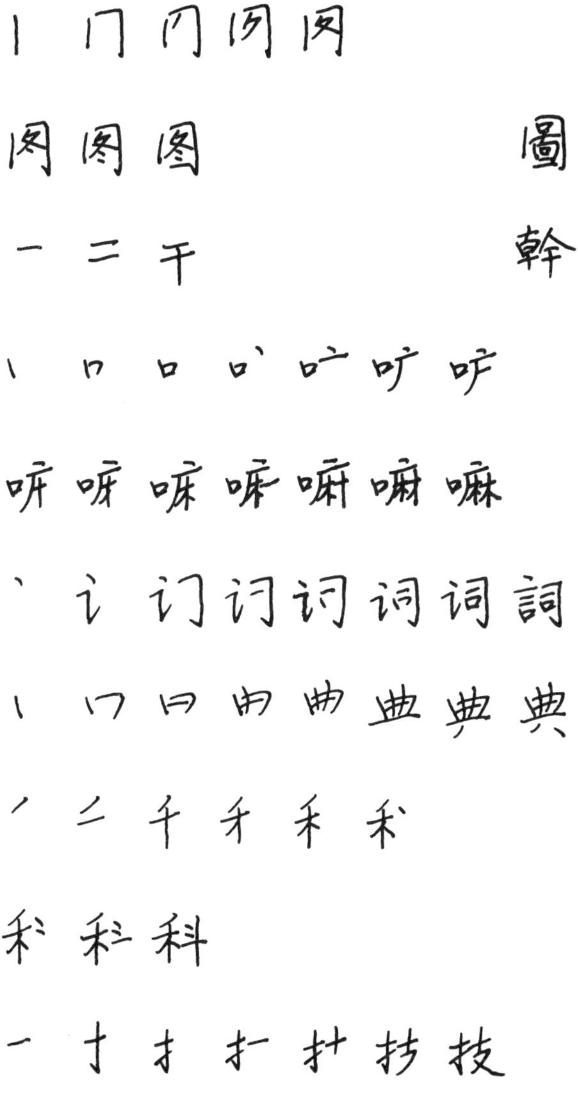
图 圖
干 幹
嘛
词 詞
典
科
技

*****

版	bǎn	édition	片	*tranche*
而	ér	et	而	*et*
且	qiě	d'ailleurs	一	*horizontal*
印	yìn	imprimer	卩	*oreille*
万	wàn	dix mille	一	*horizontal*
咱	zán	nous	口	*bouche*

Note : Le caractère 干 a deux lectures : *gàn* (faire) et *gān* (sec). Il s'agit d'un caractère **simplifié.** Les versions anciennes, non simplifiées, sont, elles, différentes (voir leçon 93).

****

LEÇON 52

视	shì	vision	礻	*rites*

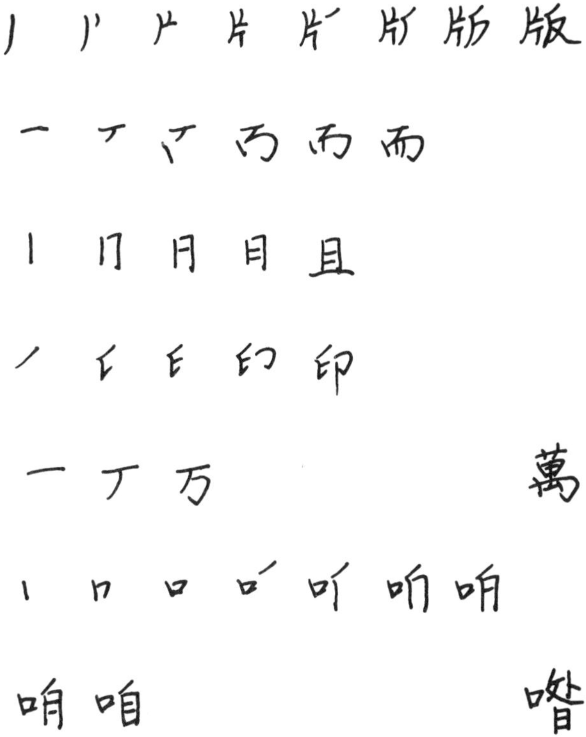

Les caractères anciens sont toujours donnés en **fin de ligne**, après la décomposition trait par trait.

****

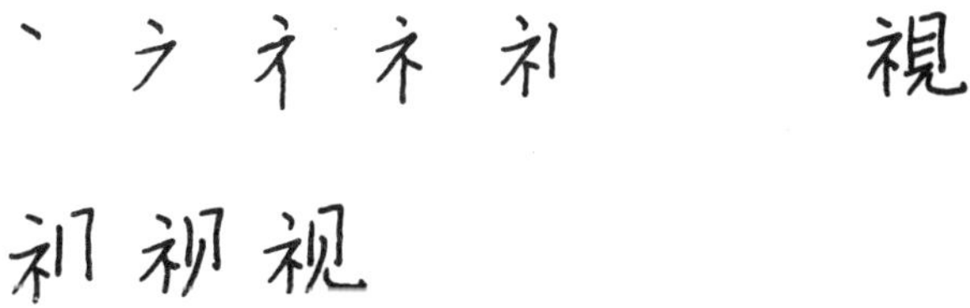

趣	qù	intérêt	走	*marche*

木	mù	bois	木	*bois*
偶	ǒu	statuette	亻	*homme*

相	xiàng	observer	目	*œil*

声	shēng	son	士	*chevalier*
周	zhōu	(nom)	口	*bouche*
更	gèng	plus	曰	*parler*

*****

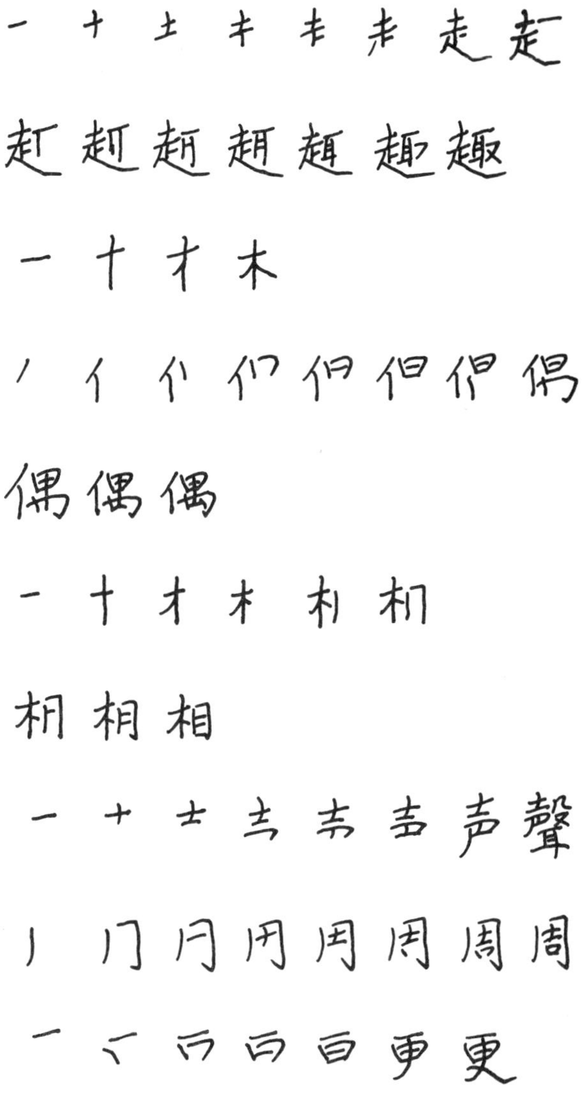

*****

节	jié	fête	艹	*herbe*
目	mù	œil	目	*œil*
首	shǒu	tête	首	*tête*

但	dàn	mais	亻	*homme*
哎	āi	eh !	口	*bouche*
侯	hóu	(nom)	亻	*homme*

林	lín	forêt	木	*arbre*

Note : Attention à ne pas confondre le nom de famille 侯 *hóu* avec le 候 *hóu* de 时候 *shihou* (moment).

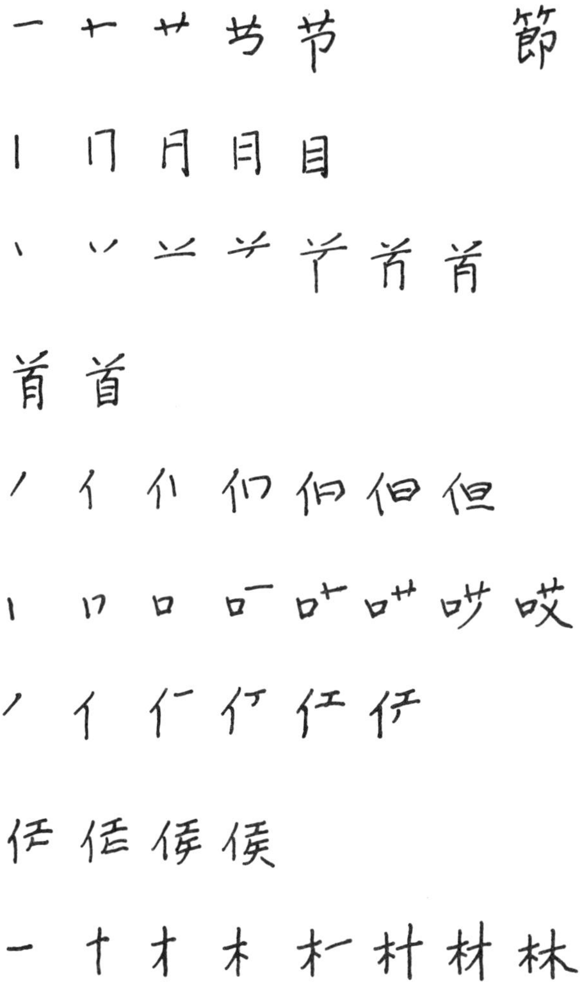

Dans le nom propre, on ne trace pas le petit trait vertical, à droite de la clé de l'homme.

郭	guō	(nom)	阝	*oreille*
启	qǐ	initier	户	*famille*
儒	rú	lettré	亻	*homme*

****

LEÇON 53

辉	huī	brillant	车	*voiture*
名	míng	nom	口	*bouche*
乡	xiāng	campagne	幺	*clé 52*
孙	sūn	petit-fils	子	*enfant*

丶 亠 亣 亣 亯 亯

亨 享 郭 郭

丶 ㇇ ㇇ 户 户 启 启 啟

丿 亻 亻 亻 亻 亻 亻 亻

亻 亻 亻 亻 亻 儒 儒 儒

****

丨 小 ⺌ 业 业 光 光

光 光 光 光 光 輝 煇

丿 ク 夕 夂 名 名

𠃋 乡 乡 鄉

㇇ 了 孑 孓 孙 孙 孫

LEÇON 54

华	huá	chine	十	*dix*
侨	qiáo	hôte	亻	*homme*
差	chà	manquer	工	*travail*
每	měi	chaque	母	*mère*
锅	guō	marmite	钅	*métal*
贴	tiē	coller	贝	*coquillage, cauris*

丿 亻 亻 化 华 华 華

丿 亻 亻 亻 仟 侨 侨

侨 僑

丶 丷 丷 兰 兰

羊 羊 差 差

丿 𠂉 𠂉 每 每 每 每

丿 𠂉 𠂉 乍 乍 钅 钅

钅 钅 锅 锅 锅 鍋

丨 冂 贝 贝 贝 贝

贝 贴 贴 貼

蒸	zhēng	cuire à la vapeur	灬	*feu*

****

LEÇON 55

心	xīn	cœur	心	*cœur*
兄	xiōng	frère	儿	*fils*
拿	ná	prendre	手	*main*
及	jí	atteindre	丿	*courbe*
检	jiǎn	examiner	木	*bois*

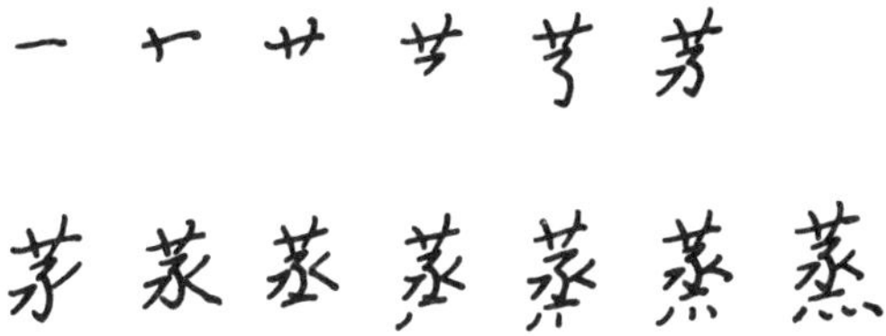

****

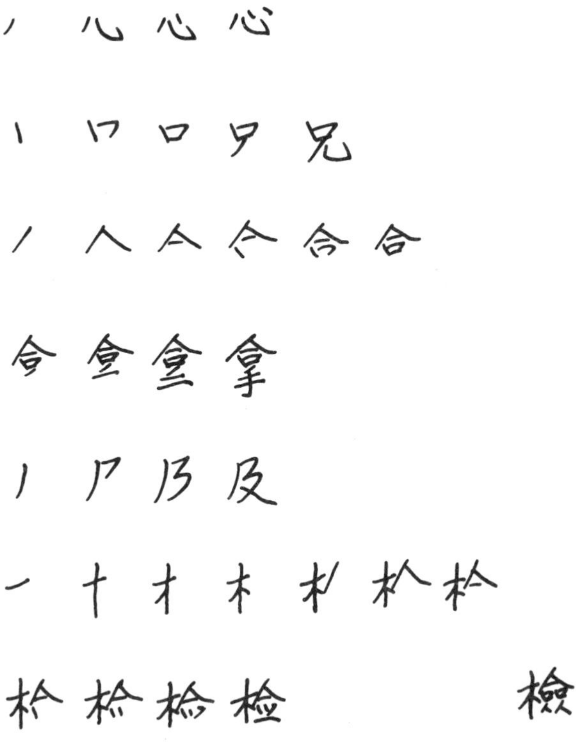

153

查	chá	examiner	木	*bois*
皮	pí	peau	皮	*peau*
箱	xiāng	malle	⺮	*bambou*
危	wēi	périlleux	㔾	*clé 26*
险	xiǎn	difficulté	阝	*oreille*
偷	tōu	voler	亻	*homme*

*****

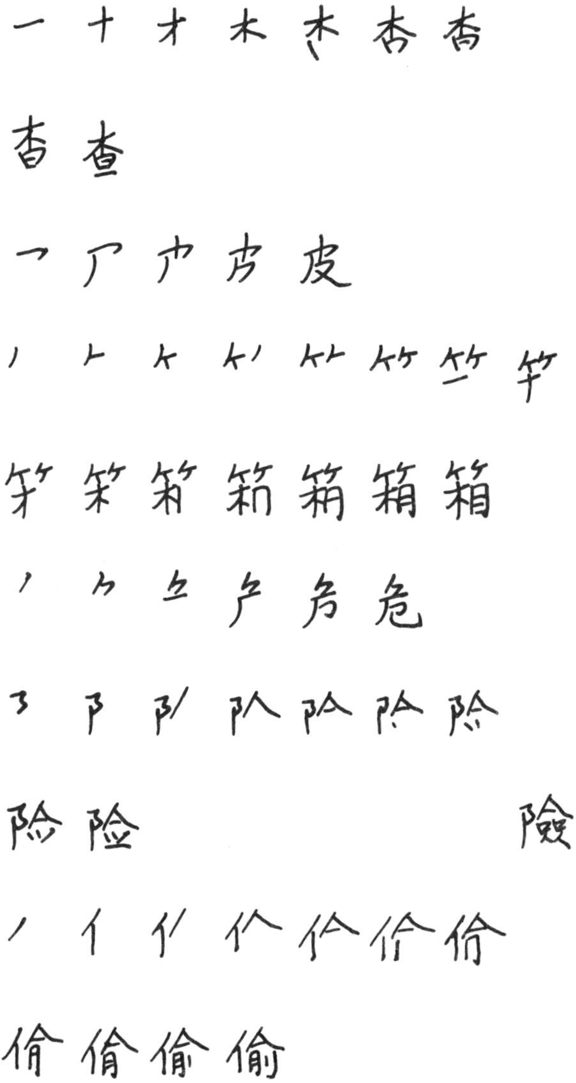

*****

注	zhù	fixer	氵	*eau*
护	hù	protéger	扌	*main*
照	zhào	refléter	灬	*feu*
赶	gǎn	rattraper	走	*marche*

Note : L'écriture moderne (caractères simplifiés) ne fait plus la distinction entre ce que nous appelons « l'oreille droite » 阝 , et « l'oreille gauche » 阝 . En fait, 阝 placé en élément gauche, est la simplification de la clé 170

****

LEÇON 57

些	xiē	quelques	二	*deux*
楼	lóu	étage	木	*bois*

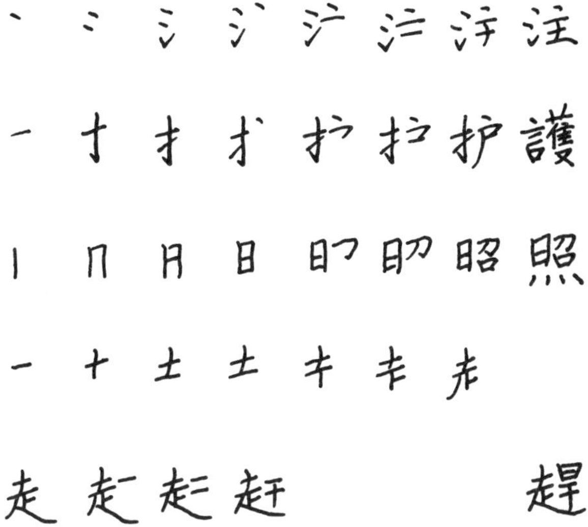

阜 (tertre). Quant à 阝 que l'on rencontre en élément de droite, il s'agit de la simplification de la clé 163 邑 (ville).

****

157

梦	mèng	rêve	夕	*veille*
篇	piān	(spécificatif)	竹	*bambou*
鲁	lŭ	(nom)	鱼	*poisson*
迅	xùn	rapide	辶	*marche*
品	pĭn	produits	口	*bouche*

*****

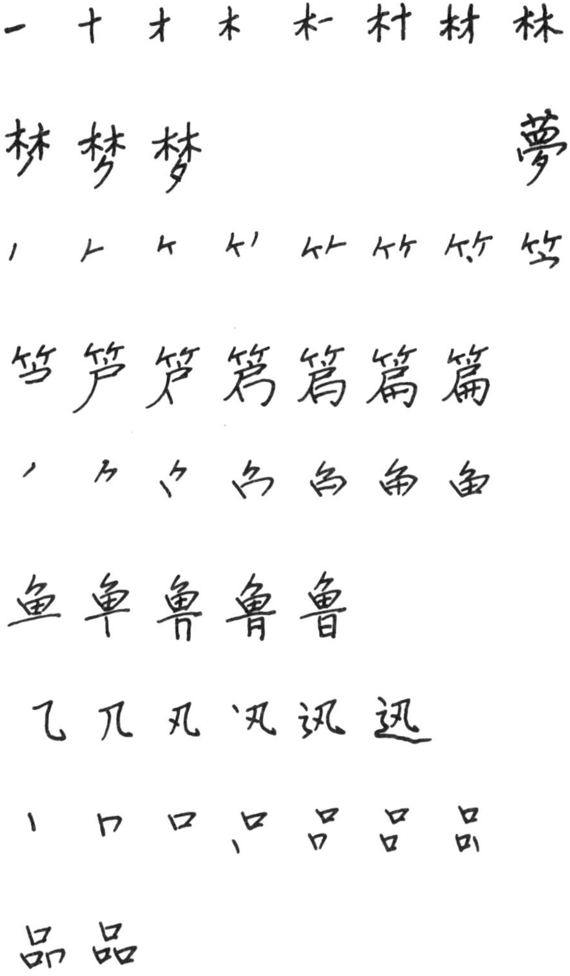

*****

赵	zhào	(nom)	走	*marche*
树	shù	arbre	木	*arbre*
理	lǐ	raison	王	*roi*

****

LEÇON 58

戴	dài	porter	戈	*hallebarde*

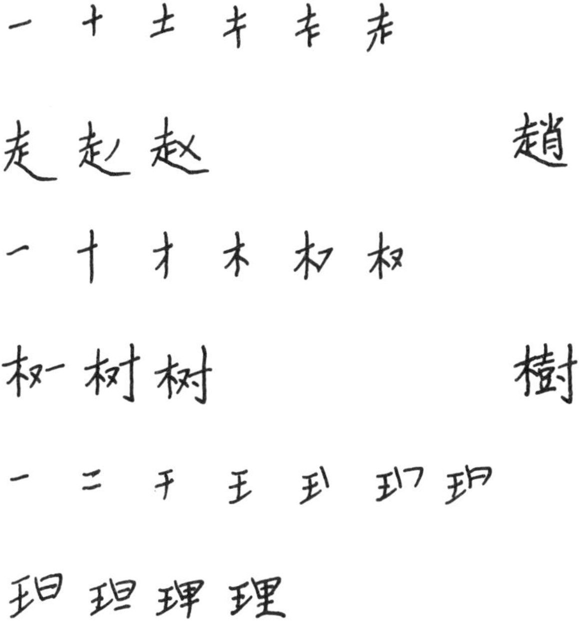

****

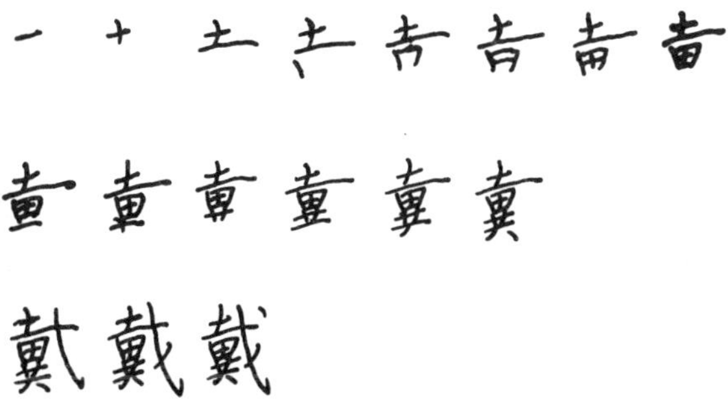

眼	yǎn	œil	目	*œil*
镜	jìng	lentille	钅	*métal*
简	jiǎn	simple	⺮	*bambou*
德	dé	vertu	彳	*marche*
运	yùn	transport	辶	*marche*

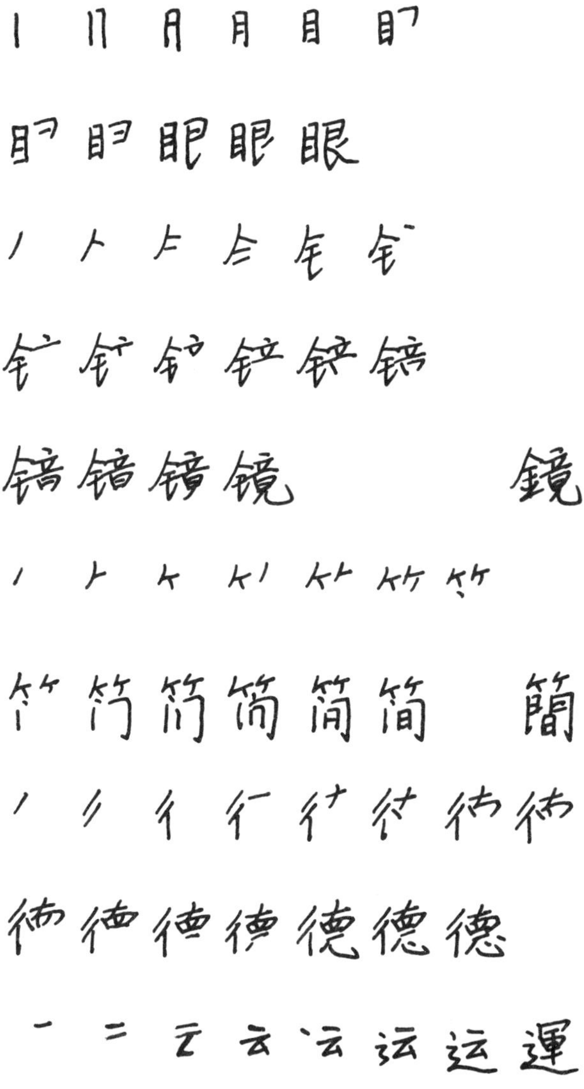

气	qì	souffle	气	*gaz*
母	mǔ	mère	母	*mère*

****

LEÇON 59

往	wǎng	vers	彳	*marche*
拐	guǎi	tourner	扌	*main*
山	shān	montagne	山	*montagne*
街	jiē	rue	彳	*marche*

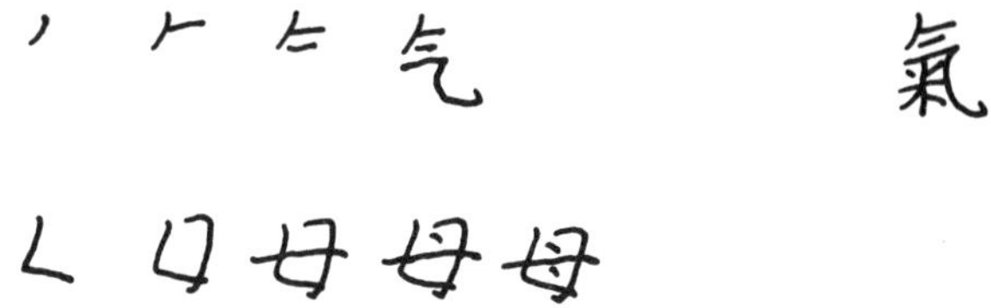

Note : Aviez-vous remarqué que dans la *mer* 海 (hăi) on retrouvait... la *mère* 母 (mŭ) ?

****

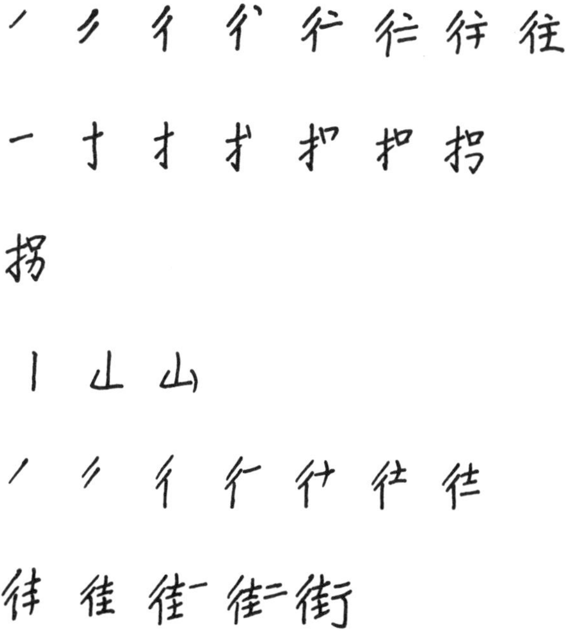

平	píng	plat	一	*horizontal*
直	zhí	droit	十	*dix*
租	zū	louer	禾	*céréales*
着	zhe, zháo	(suffixe)	目	*œil*
玩	wán	jouer	王	*roi*
笑	xiào	rire	⺮	*bambou*

*****

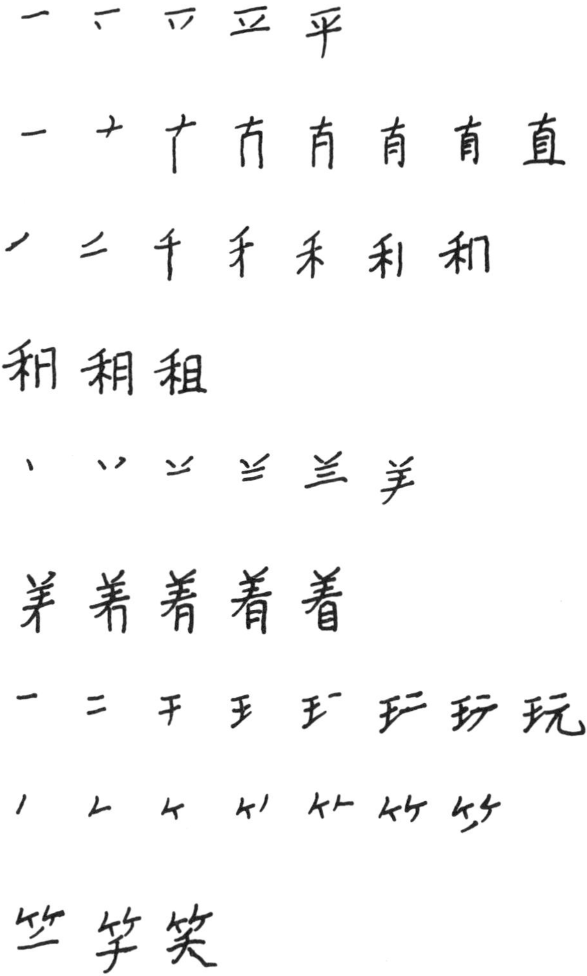

Note : Le caractère 着 , suffixe de la forme progressive, se prononce *zhe.* Lorsqu'il s'agit du post-verbe « parvenir à », il se prononce *zháo.*

挺	tǐng	très	扌	*main*

****

LEÇON 60

酒	jiǔ	alcool	氵	*eau*
井	jǐng	puits	二	*deux*
绿	lǜ	vert	纟	*soie*
茉	mò	jasmin	艹	*herbe*
莉	lì		艹	*herbe*

一 亅 扌 扌 扌 扦 扌壬

挺 挺

****

丶 冫 氵 氵 氵 汀

汀 汅 洒 洒 酒

一 二 廾 井

乚 纟 纟 纟 纟 纟

绿 绿 绿 绿 綠

一 十 廾 艹 艹 芋 芧 茉

一 十 廾 艹 艹

芋 芊 茉 莉 莉

169

糖	táng	sucre	米	*riz*
般	bān	sorte	舟	*navire*
茅	máo	roseaux	艹	*herbe*
台	tái	estrade	口	*bouche*
倒	dào	par contre	亻	*homme*
谓	wèi	appeler	讠	*parole*

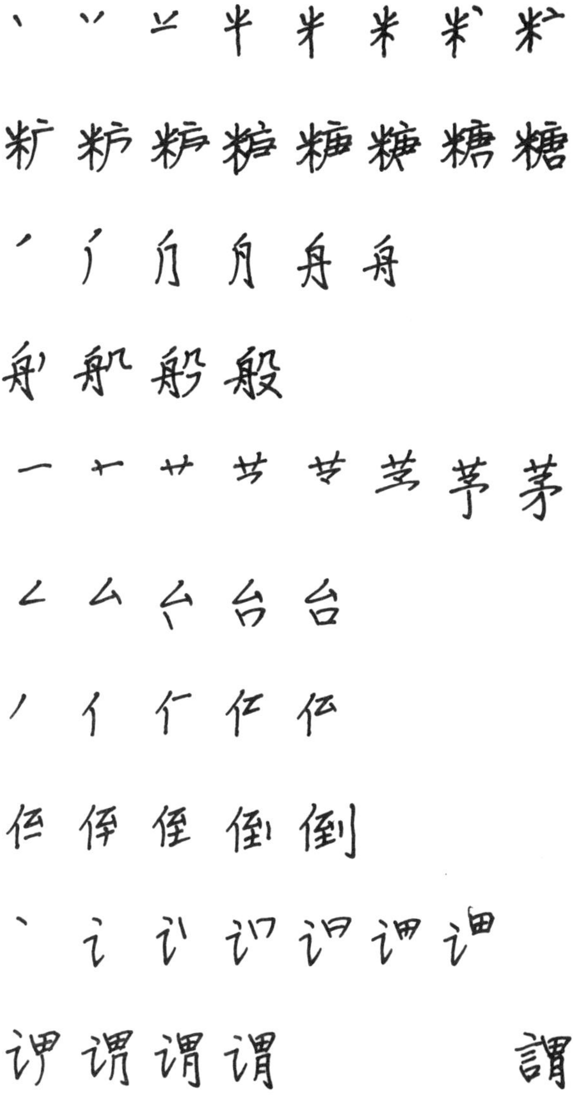
糖
舟
般
茅
台
倒
谓
謂

醉	zuì	saoul	酉	*récipient*

****

LEÇON 61

使	shǐ	faire que	亻	*homme*
转	zhuǎn	changer	车	*véhicule*
遍	biàn	fois	辶	*marche*

Note : Vous reconnaissez dans 转 la partie droite, qui est ici l'élément phonétique. C'est 专 , qui, seul, se prononce zhuān.

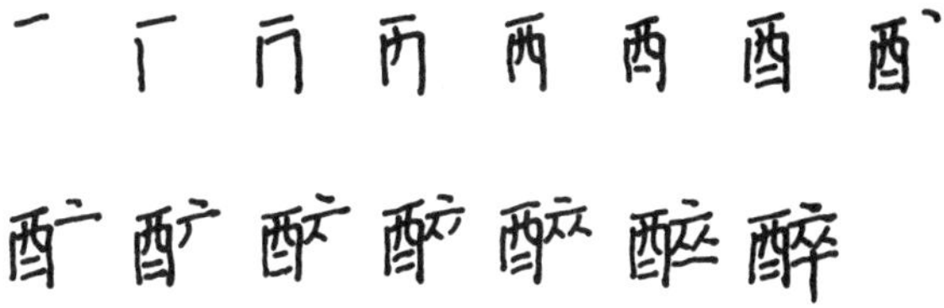

****

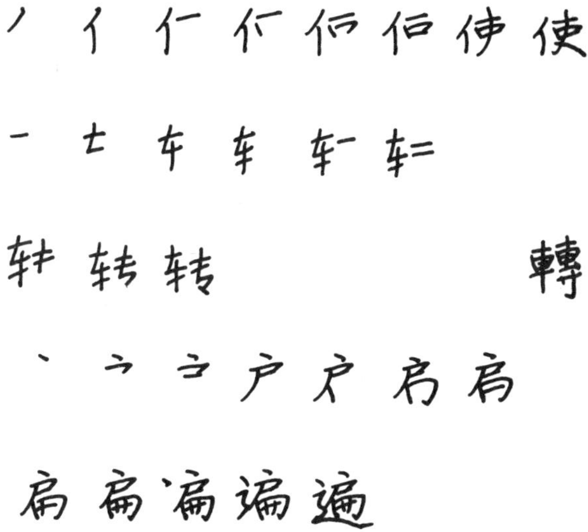

De même, dans 遍 , nous reconnaissons 扁 , déjà rencontré comme élément phonétique dans 篇 , proche phonétiquement, puisque prononcé *piān.*

LEÇON 62

附	fù	ajouter	阝	*oreille*
婆	pō	femme	女	*femme*
豆	dòu	soja	豆	*haricot, soja*
腐	fǔ	putréfier	肉	*viande*
辣	là	pimenté	辛	*clé 160*
馄	hún	ravioli	饣	*aliments*

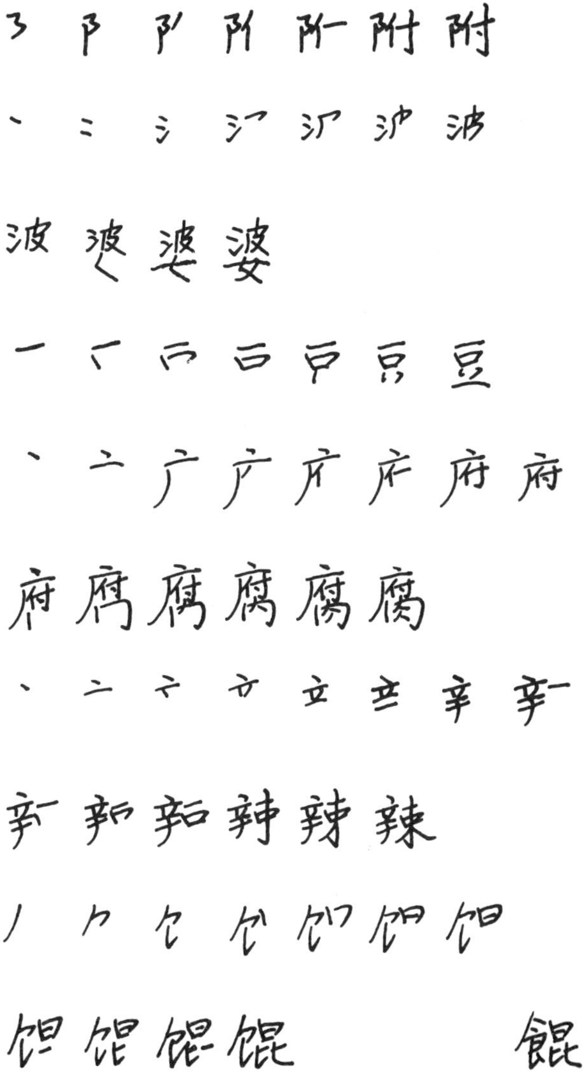

饨	tún	ravioli	饣	*aliments*
骨	gǔ	os	骨	*os*

****

LEÇON 64

古	gǔ	ancien	口	*bouche*
留	liú	laisser	田	*champ*
康	kāng	santé	广	*abri*

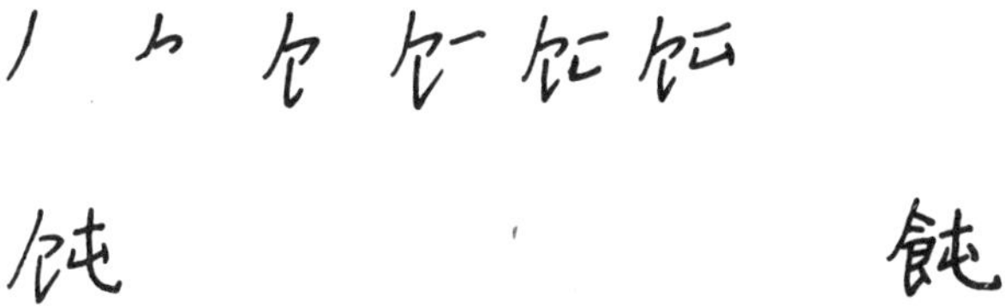

Note : Il existe, pour 腐 , une simplification « sauvage » qui est : 付 .

****

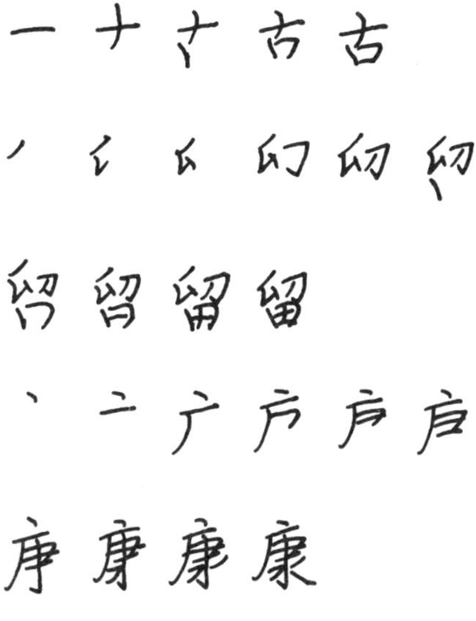

将	jiāng	à l'avenir	寸	*pouce*
义	yì	droiture	丶	*point*
游	yóu	voyager	氵	*eau*
浒	hǔ	rive	氵	*eau*
传	zhuàn	récit	亻	*homme*
津	jīn	gué	氵	*eau*

Note : Il existe, pour 留, une simplification « sauvage » qui est : 畄 .

丶 冫 丬

将 将 將

丿 乂 义 義

丶 冫 氵

游

丶 冫 氵

浒 滸

丿 亻 传 传 傳

丶 冫 氵

津

LEÇON 65

柴	chái	bois	木	*bois*
支	zhī	(spécificatif)	十	*dix*
圆	yuán	rond		*enceinte*
珠	zhū	perle	王	*roi (jade)*
民	mín	peuple	氏	*clé 83*
光	guāng	lumière	儿	*fils*

Attention : Ne pas confondre 光 (guāng) et 兴 (xìng) !

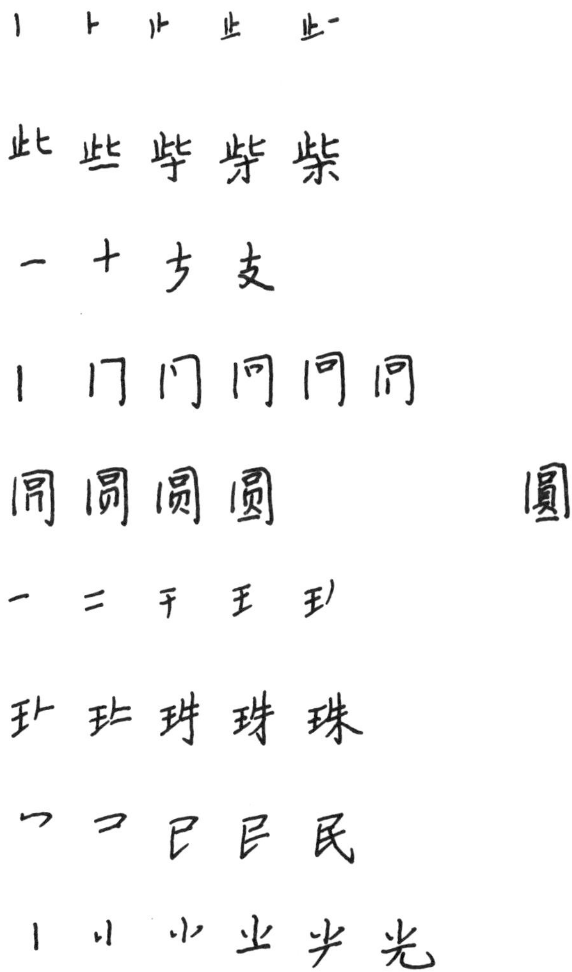

Note : Sous la clé 96 sont regroupés le roi 王 *wang,* et le jade 玉 *yù.* Selon les caractères, c'est l'un ou l'autre de ces symboles qui font office de radical.

播	bō	diffuser	扌	*main*

****

LEÇON 66

咖	kā	café	口	*bouche*
啡	fēi		口	*bouche*
头	tóu	tête	大	*grand*
躺	tǎng	s'allonger	身	*corps*
床	chuáng	lit	广	*abri*

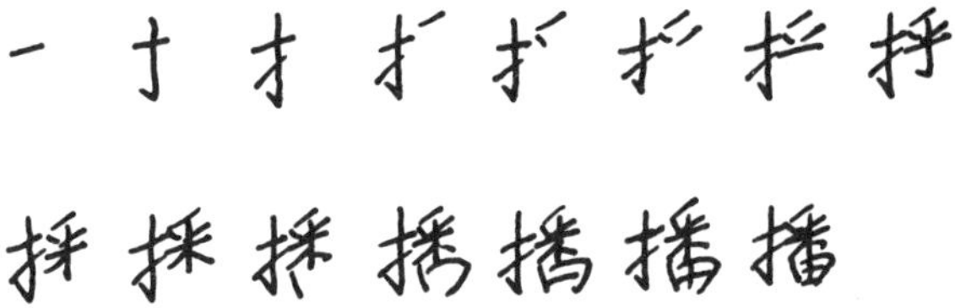

****

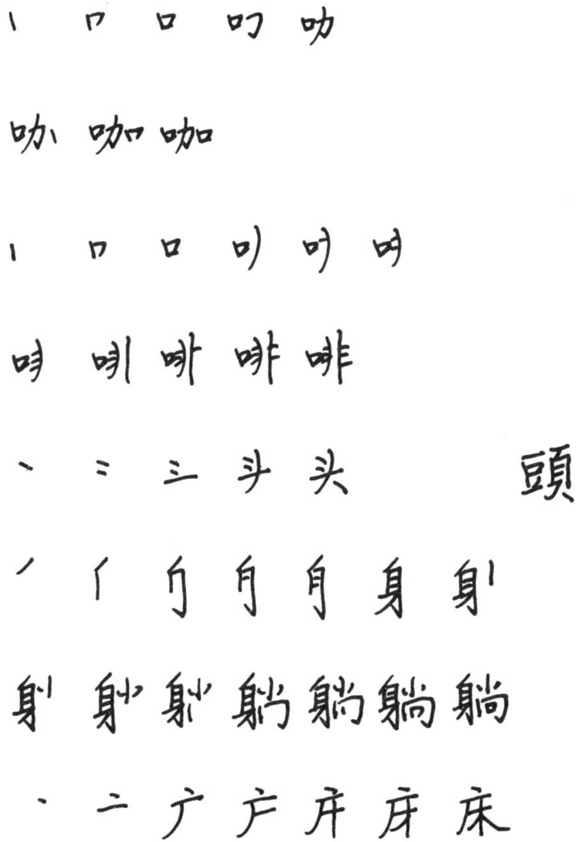

LEÇON 67

风	fēng	vent	风	*vent*
哇	wa	(onomatopée)	口	*bouche*
划	huá	ramer	戈	*couteau*
船	chuán	bateau	舟	*embarcation*
泳	yǒng	nager	氵	*eau*
熊	xióng	ours	灬	*feu*

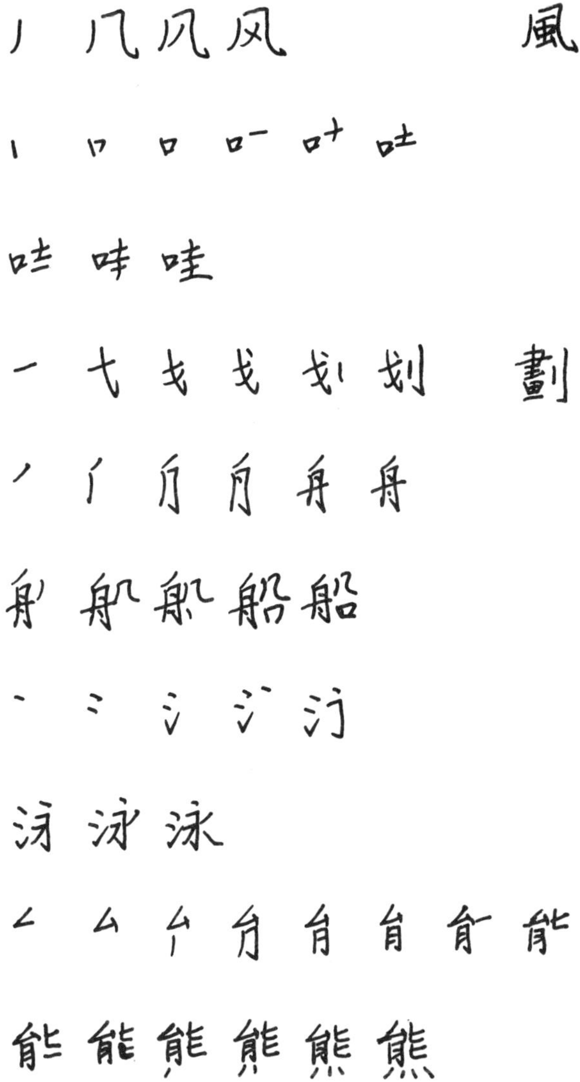

LEÇON 68

故	gù	ancien	攵	*lettres*
宫	gōng	palais	宀	*toit*
颐	yí	harmonie	页	*feuille*
陵	líng	tombeau	阝	*oreille (tertre)*
逛	guàng	promener	辶	*marche*

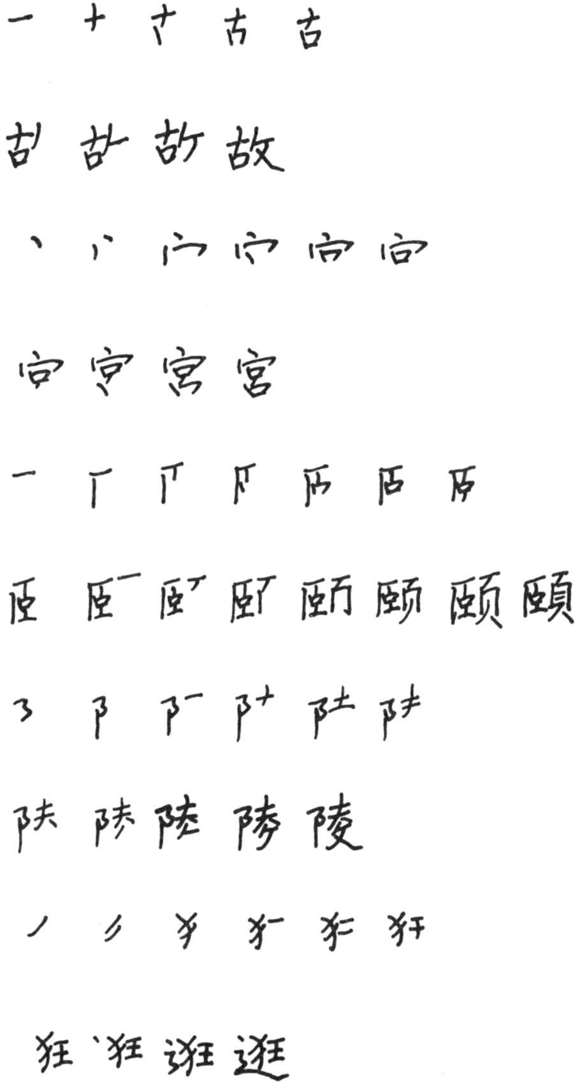

寄	jì	expédier	宀	*toit*
唉	ēi	(exclamation)	口	*bouche*

****

LEÇON 69

或	huò	ou	戈	*hallebarde*
湾	wān	golfe	氵	*eau*
之	zhī	(déterminatif)	丶	*point*
叔	shū	oncle	又	*à nouveau*

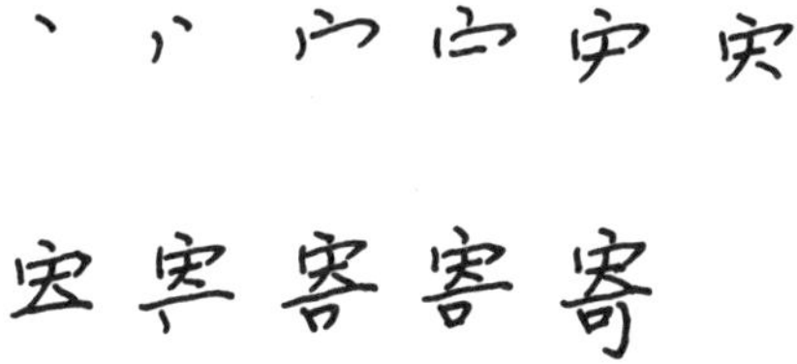

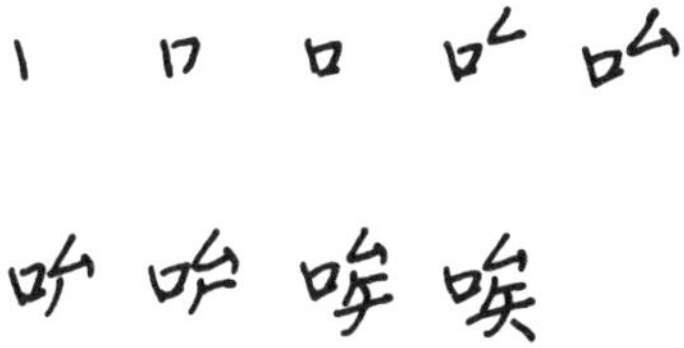

Note : Attention à la partie gauche de 颐 ! Il s'agit de 𦣞 , et non pas de 臣 !

****

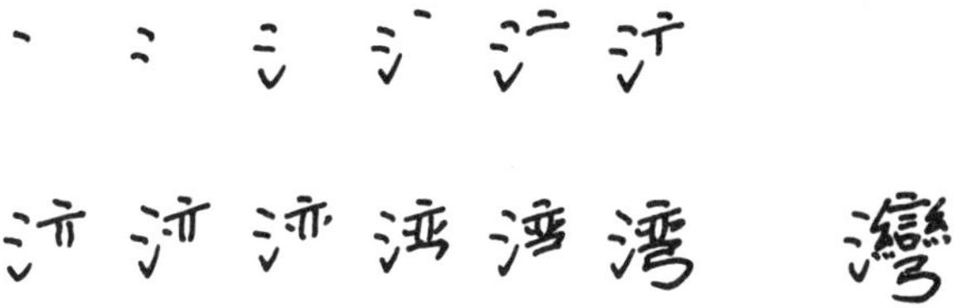

阿	ā	(préfixe)	阝	*oreille*
姨	yí	tante	女	*femme*
爷	yé	grand-père	父	*paternel*
普	pǔ	répandu	日	*soleil*

****

LEÇON 71

副	fù	secondaire	刂	*couteau*
程	chéng	processus	禾	*céréales*

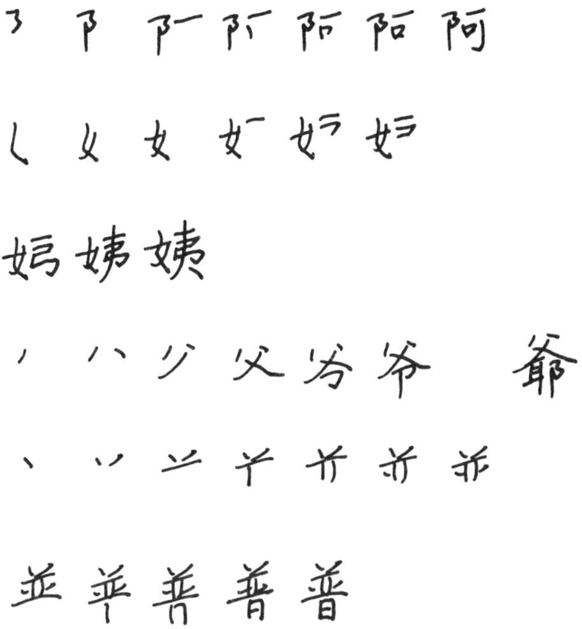
阿
姨
爺
普

****

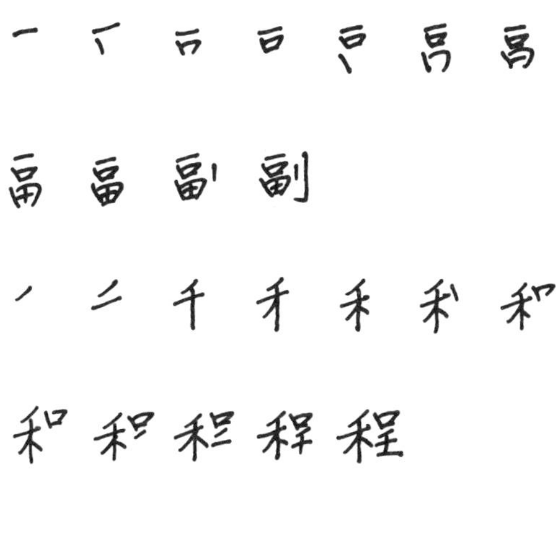
副
和
程

委	wěi	déléguer	女	*femme*
讨	tǎo	discuter	讠	*parole*
论	lùn		讠	*parole*

Attention à bien mémoriser les caractères ! Sur les dix *fu* que nous présentons dans ce livre, il y en a sept au quatrième ton : *fù* !

Un rapide coup d'œil à l'**index** vous permettra, dans ce genre de situation, de distinguer les homophones.

****

LEÇON 72

继	jì	continuer	纟	*soie*
续	xù		纟	*soie*

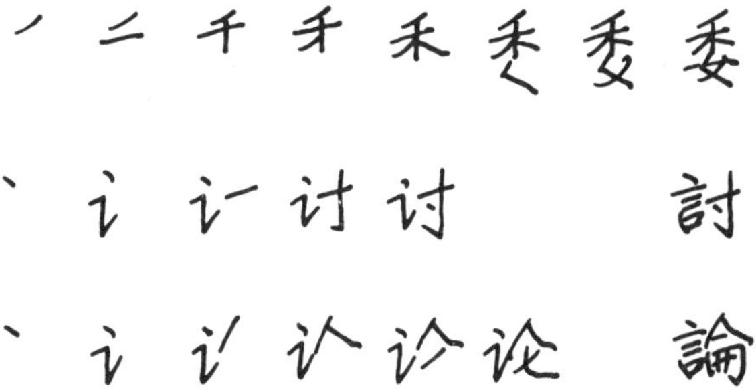

Note : Il existe une simplification « sauvage » pour 副 , qui consiste à le remplacer par 付 , également prononcé *fù*.

****

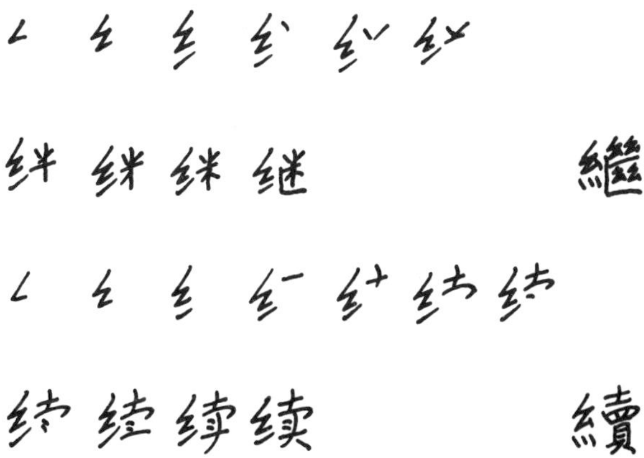

资	zī	richesses	贝	*coquillage, cauris*
便	pián	voir biàn (leçon 33)	亻	*homme*

Remarque : Une nouvelle fois, signalons un caractère qui a deux prononciations différentes, avec deux sens

****

LEÇON 73

室	shì	salle	宀	*toit*
美	měi	beau	𦍌	*mouton*
派	pài	envoyer	氵	*eau*

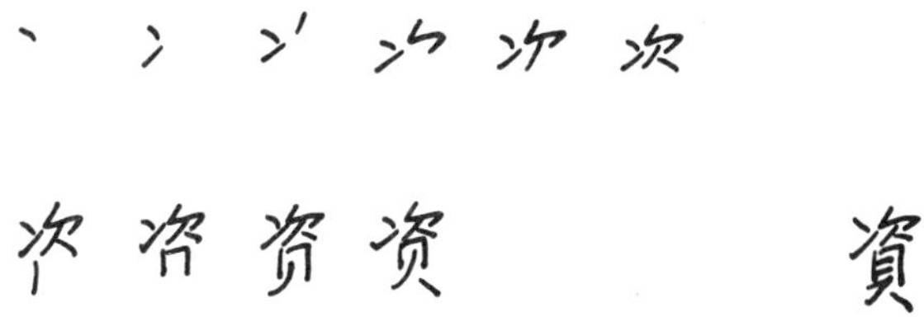

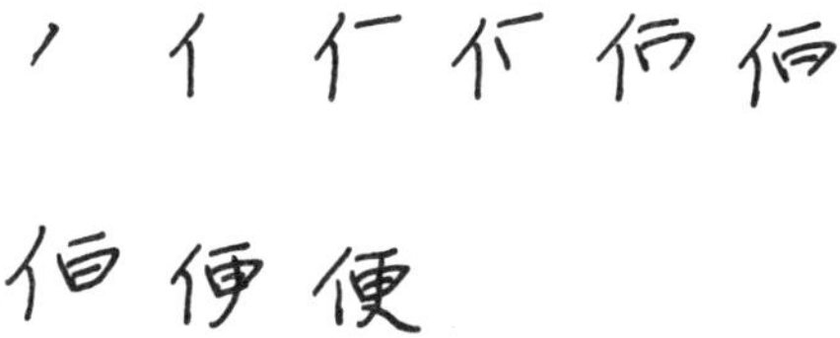

différents. 便 se lit *biàn* ou *pián,* selon les contextes, ou selon le mot dans lequel il entre en composition.

****

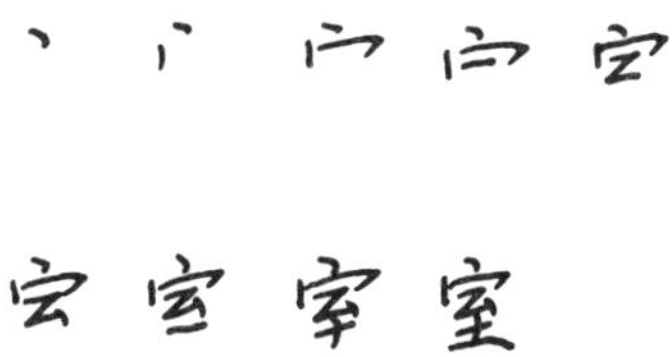

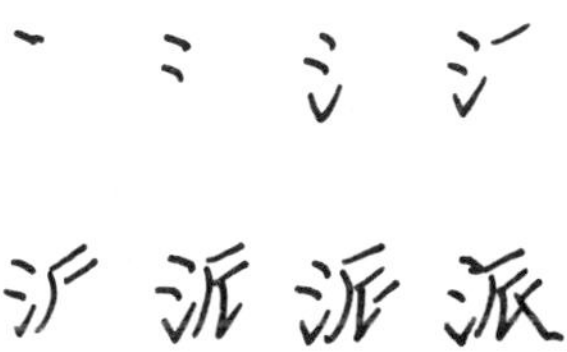

LEÇON 74

条	tiáo	(spécificatif)	木	*bois*
页	yè	feuille	页	*feuille*
行	háng	succursale voir *xíng* (leçon 8)	彳	*marche*
建	jiàn	édifier	廴	*marche*
议	yì	proposition	讠	*parole*
至	zhì	atteindre	至	*clé 133*
须	xū	devoir	页	*feuille*
领	lǐng	mener	页	*feuille*

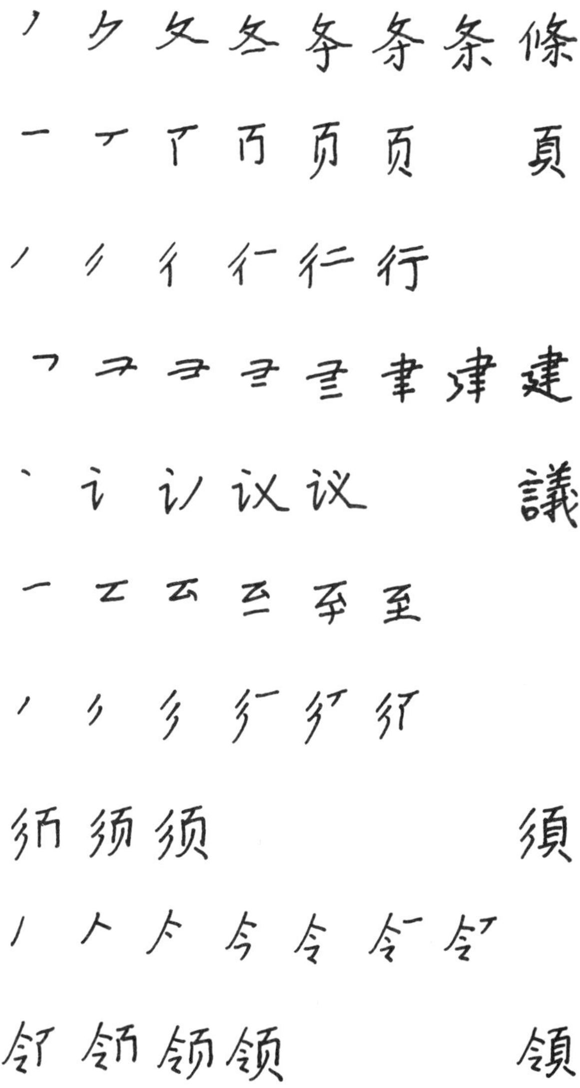
条 條
页 頁
行
建
议 議
至
须 須
领 領

导	dǎo	guider	寸	*pouce*
示	shì	indiquer	示	*rites, clé 113*
答	dá	réponse	竹	*bambou*

Conseil : Attention à la clé de la marche, dans 建, qui est une variante de 辶. Ici, il n'y a pas le point initial : 廴.

Pour 建, on rencontre parfois le simplifié ⿺廴占.

****

LEÇON 75

团	tuán	groupe	口	*enceinte*
务	wù	tâche	力	*force*
赞	zàn	aider	贝	*coquillage, cauris*

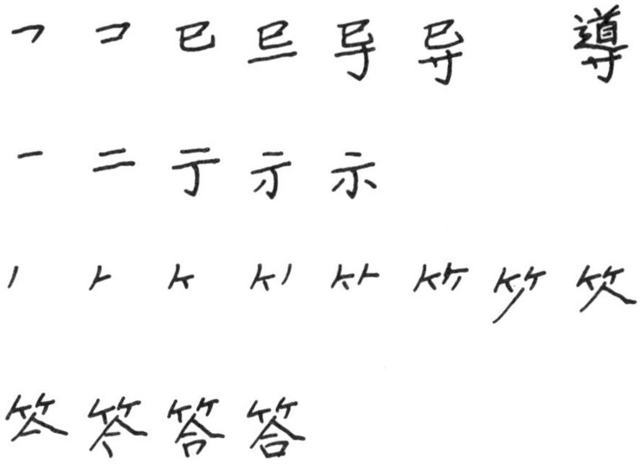

Note : Un nouveau caractère ayant deux lectures : 行 , qui se lit *xíng* ou *háng,* en fonction du sens et du contexte.

****

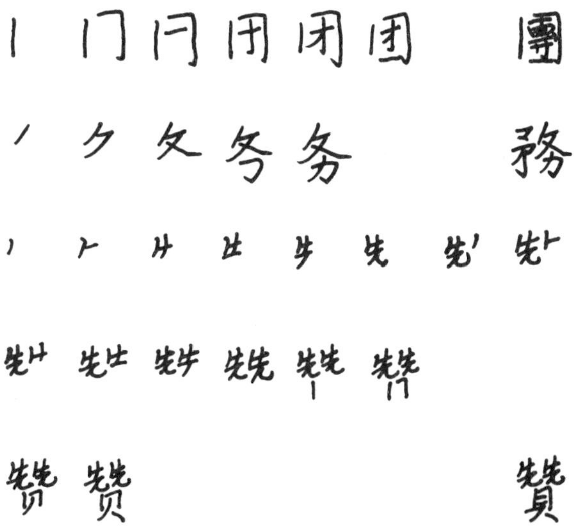

流	liú	couler	氵	*eau*
利	lì	intérêt	刂	*couteau*
随	suí	selon	阝	*oreille*
谦	qiān	modeste	讠	*parole*
虚	xū		虍	*clé 141*

****

LEÇON 76

访	fǎng	visiter	讠	*parole*

流

利

防

随 隨

谦 謙

虚

****

访 訪

招	zhāo	appeler	扌	*main*
待	dài	traiter voir *dāi* (leçon 17)	彳	*marche*
考	kǎo	examen	耂	*clé 125*
纪	jì	inscrire	纟	*soie*
双	shuāng	double	又	*à nouveau*
签	qiān	signer	⺮	*bambou*
离	lí	éloigné	禸	*clé 114 ou 8*

*****

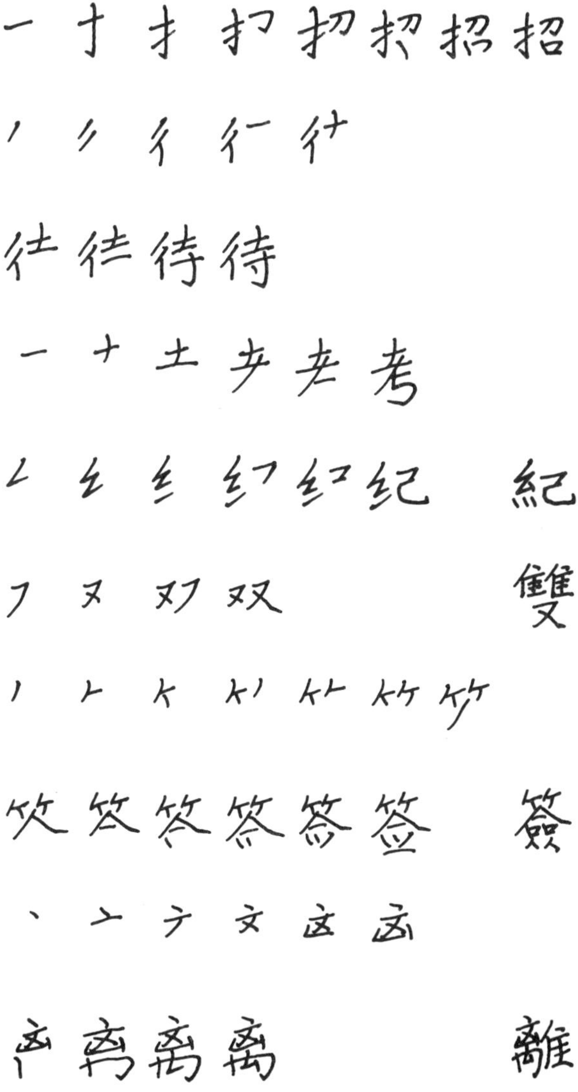
招
待
考
纪 紀
双 雙
签 簽
离 離

*****

任	rèn	mission	亻	*homme*

****

LEÇON 78

扎	zhā	piquer	扌	*main*
针	zhēn	aiguille	钅	*métal*
疼	téng	souffrir	疒	*maladie*

灸	jiǔ	cautériser	火	*feu*
效	xiào	efficacité	攵	*lettres*

****

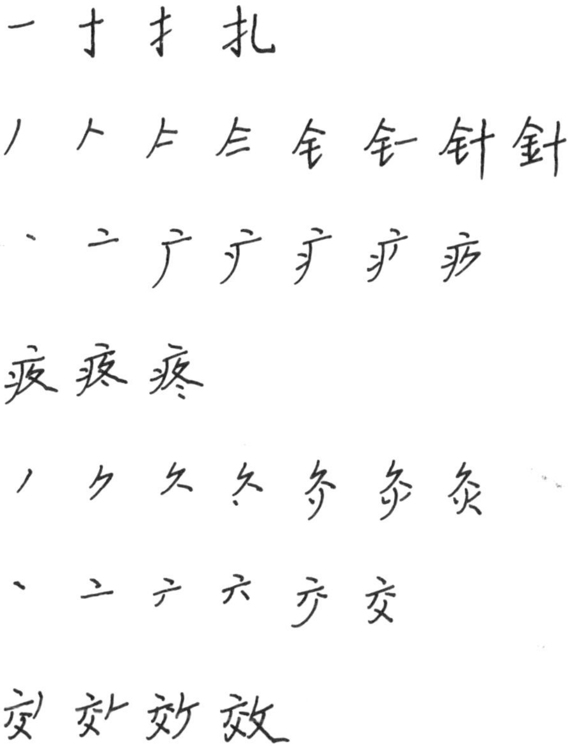

试	shì	essayer	讠	*parole*
伯	bó	oncle	亻	*homme*
医	yī	médecine	匚	*clé 22*
于	yú	à	一	*horizontal*

Note : 针灸 désigne l'acuponcture et la cautérisation au moyen d'armoise enflammée, ou *moxas*.

****

LEÇON 79

片	piàn	tranche	片	*tranche*
拖	tuō	tirer	扌	*main*
拉	lā	traîner	扌	*main*
闷	mēn	étouffant	心	*cœur*

丶 讠

试 试 試

丿 亻 伯

一 匚 医 醫

一 二 于 於

Le terme 扎針 ne désigne que l'acupuncture, implantation de fines aiguilles à des endroits déterminés du corps, en vue d'anesthésier, de soigner, ou de soulager une douleur.

****

丿 片

一 扌 拖

一 扌 拉

丶 门 闷 悶

潮	cháo	humide	氵	*eau*
湿	shī	humide	氵	*eau*
秋	qiū	automne	禾	*céréales*

Remarque : Certains idéogrammes sont très suggestifs. 闷 , c'est le cœur 心 oppressé au milieu d'une porte 门 .

****

LEÇON 80

冬	dōng	hiver	冫	*glace*
度	dù	degré	广	*abri*

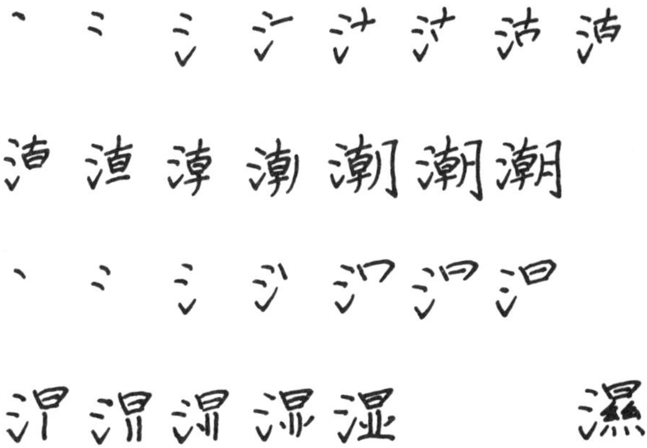

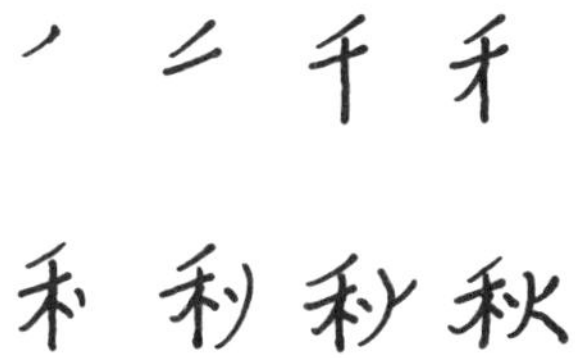

L'automne 秋 , les céréales 禾 sont de la couleur du feu 火 .

****

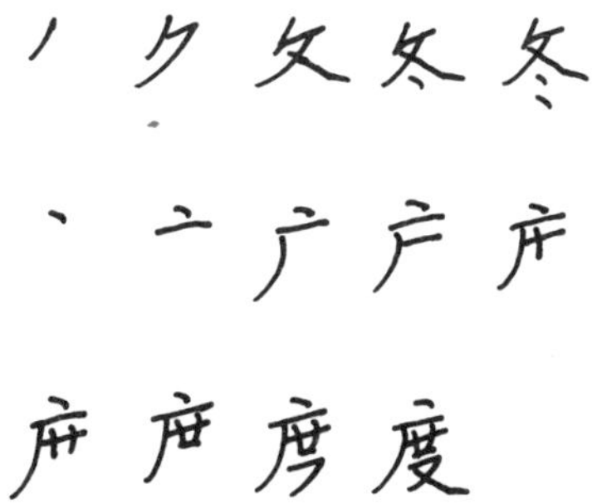

受	shòu	subir	爫	*griffe*
了	liǎo	(finir) voir *le* (leçon 16)	亅	*clé 6*
夏	xià	été	夂	*clé 35*

Note : Il convient de ne pas mélanger la clé 35 夂 et la clé 66 攵 .
La clé 35 se fait en 3 traits, le troisième trait partant du point de départ du deuxième trait.
La clé 66 se fait en quatre traits, le troisième trait partant à

****

LEÇON 81

棋	qí	échecs, go	木	*bois*
盘	pán	partie, plateau	皿	*vaisselle*

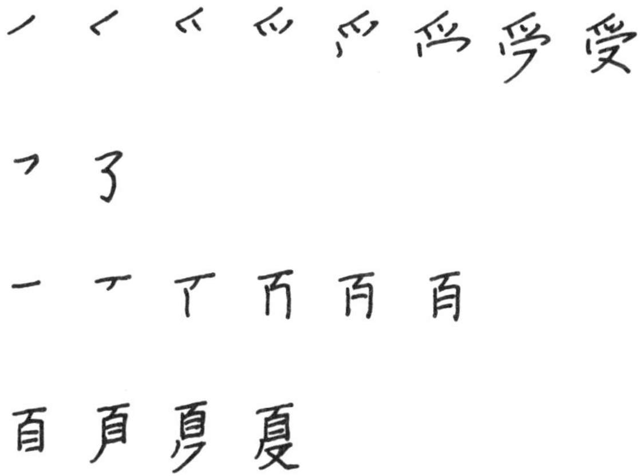

gauche de l'extrémité droite du deuxième trait. Nous appelons parfois cette clé « lettres », car c'est un dérivé du caractère 文 *wén* (la *langue,* les *lettres*).
Ne pas confondre non plus avec la clé de la *femme:* 女 !

****

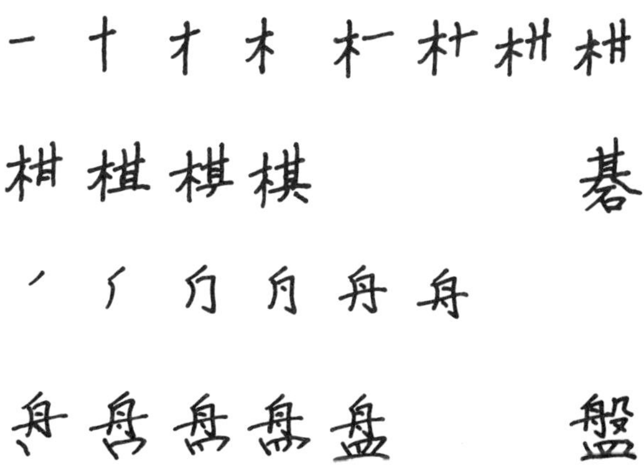

围	wéi	encerclement	口	*enceinte*
耐	nài	endurer	寸	*pouce*
性	xìng	caractère	小	*cœur*

****

LEÇON 82

航	háng	naviguer	舟	*embarcation*
量	liàng	quantité	曰	*dire*

*****

****

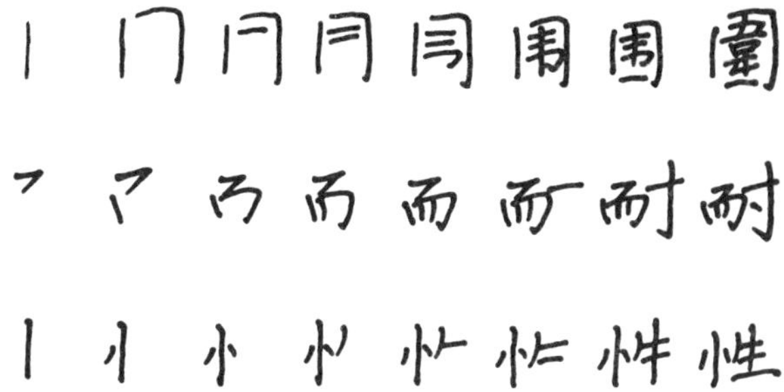

****

Note : Il faut distinguer la clé 72 日 , le *soleil* (ou le *jour*), et la clé 73 曰 (dire), qui se fait plus aplatie, plus large.

****

LEÇON 83

邻	lín	voisinage	阝	*oreille*
居	jū	habiter	尸	*cadavre*
交	jiāo	échanges	亠	*toiture*
部	bù	ministère	阝	*oreille*
整	zhěng	entier	止	*stopper*
呗	bei	pardi !	口	*bouche*
希	xī	espérer	巾	*linge*

*****

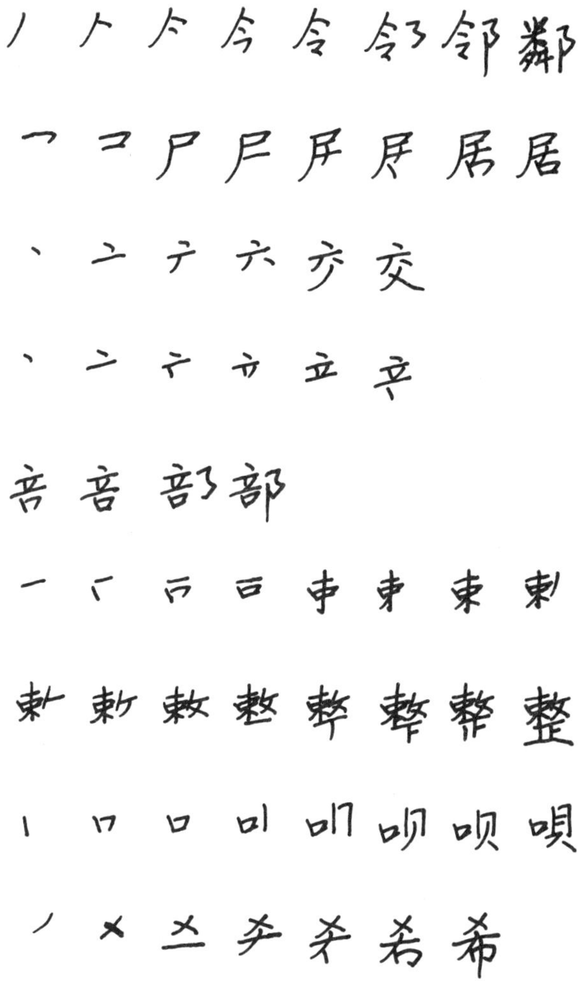

Note : Pour 部 , il existe une simplification « sauvage » : 卩.

望	wàng	désirer	月	*lune*

LEÇON 85

停	tíng	arrêter	亻	*homme*

LEÇON 86

搬	bān	déménager	扌	*main*
郊	jiāo	banlieue	阝	*oreille*
区	qū	quartier	匚	*clé 22*

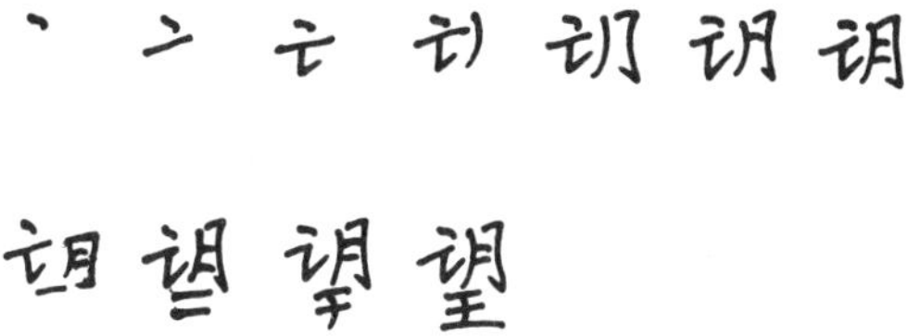

****

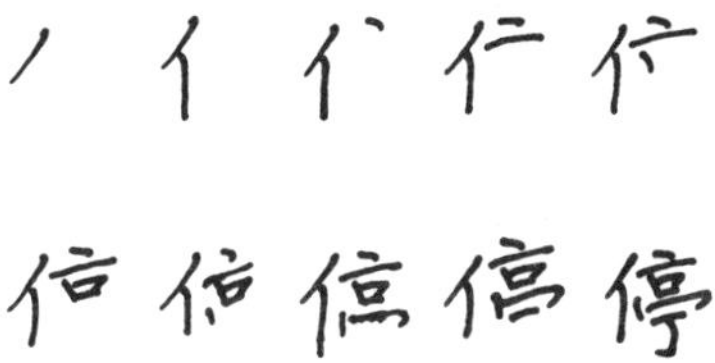

****

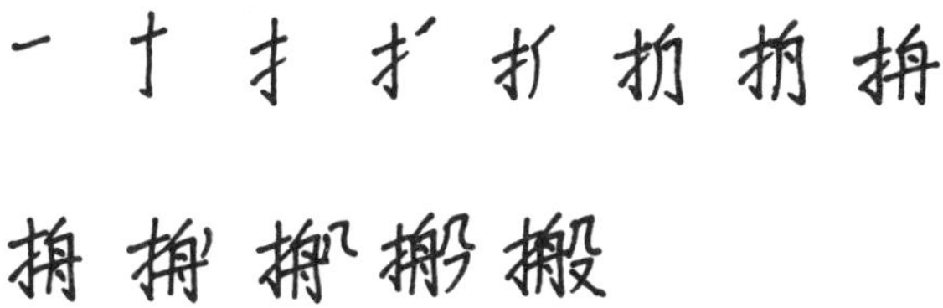

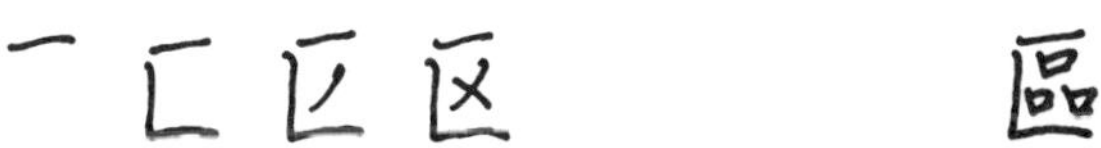

院	yuàn	institut	阝	*oreille*
石	shí	roche	石	*roche*
油	yóu	huile	氵	*eau*
管	guǎn	gérer	⺮	*bambou*

****

LEÇON 87

银	yín	argent	钅	*métal*
府	fǔ	résidence	广	*abri*

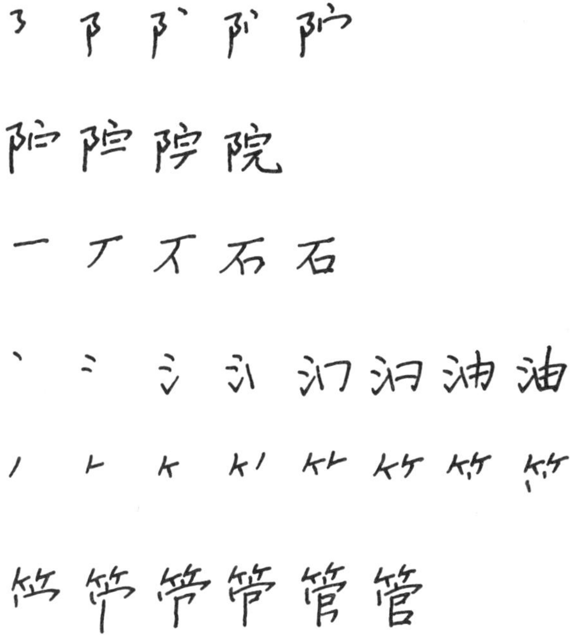

****

LEÇON 88

身	shēn	corps	身	*corps*
体	tǐ	corps	亻	*homme*
向	xiàng	vers	口	*bouche*
祝	zhù	souhaiter	礻	*rites*
乐	lè	joie	木	*bois*

****

LEÇON 89

沟	gōu	fossé	氵	*eau*
耳	ěr	oreille	耳	*oreille*

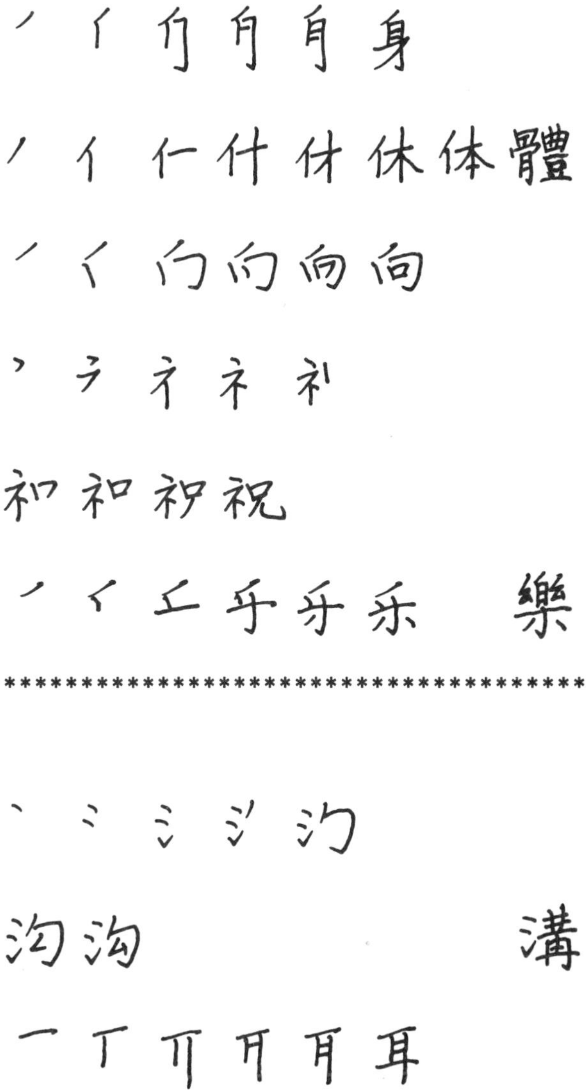
身
体 體
向
祝
乐 樂
沟 溝
耳

朵	duǒ	lobe	木	*bois*
客	kè	invité	宀	*toit*

****

LEÇON 90

除	chú	hormis	阝	*oreille*
手	shǒu	main	手	*main*
替	tì	à la place de	日	*soleil*

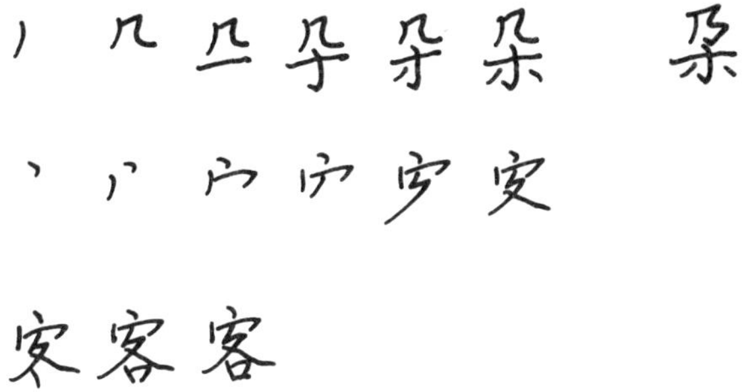

****

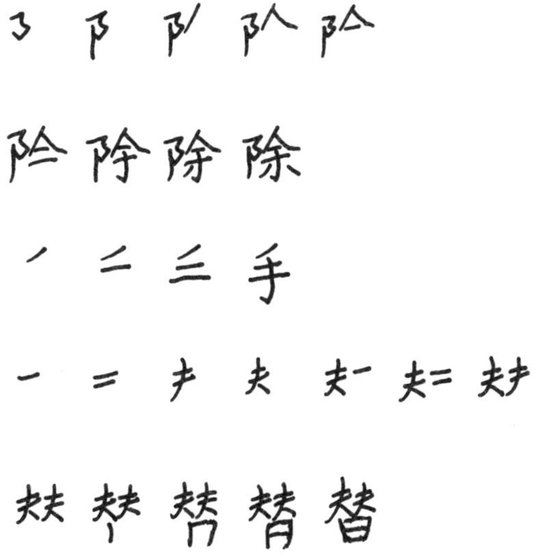

LEÇON 92

迟	chí	retard	辶	*marche*
扰	rǎo	gêner	扌	*main*

****

LEÇON 93

杯	bēi	verre	木	*bois*
谊	yì	amitié	讠	*parole*
健	jiàn	santé	亻	*homme*

フ コ 尸 尺 尺 迟 迟 遲

一 十 扌 扌 扌 扰 扰 擾

****

一 十 才 木 木

杆 杯 杯 盃

丶 讠 讠 讠 讠 讠

讠 谊 谊 谊 誼

丿 亻 亻 亻 亻 亻

亻 律 健 健

顺	shùn	sans encombre	页	*feuille*
干	gān	sec voir *gàn* (leçon 51)	干	*faire*
功	gōng	succès	力	*force*

****

LEÇON 94

其	qí	son	八	*huit*
忽	hū	soudain	心	*cœur*
窗	chuāng	fenêtre	穴	*caverne*
户	hù	logis	户	*logis*

丿 刂 川 川 川

川 顺 顺 順

一 二 干 乾

一 丅 工 ⼯ 功

****

一 十 廾 廿 甘 甘 其 其

丿 勹 勺 勿 勿 忽 忽 忽

丶 丶 宀 穴 穴 空

空 穷 穷 窗 窗 窗 窻

丶 亠 ⺈ 户

帮	bāng	aider	巾	*linge*
助	zhù	aider	力	*force*
处	chù	endroit	夂	*clé 35*
丰	fēng	abondant	丨	*vertical*
富	fù	riche	宀	*toit*

****

LEÇON 95

Aucun vocabulaire nouveau n'étant introduit dans cette leçon, nous passerons directement à la leçon suivante.

****

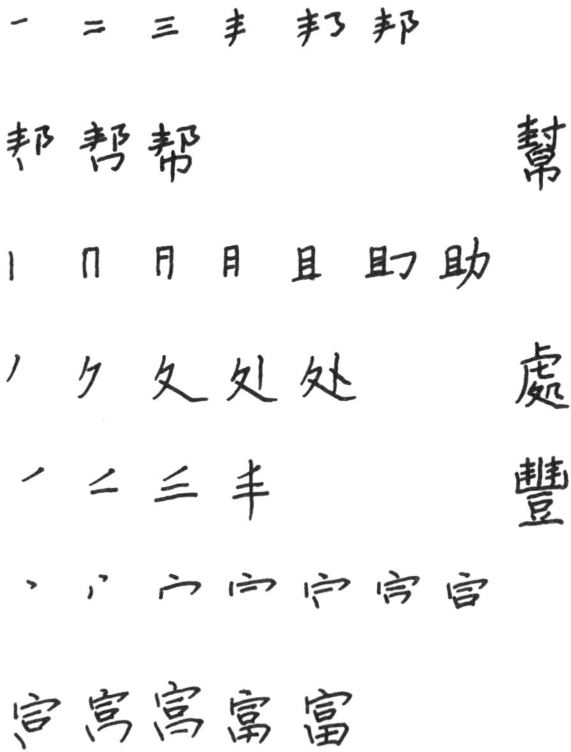

Conseil : Ne pas confondre 处 *chù* et 外 *wài* !
Ne pas confondre 户 *hù* et 尸 *shī* !

****

*****

****

LEÇON 96

食	shí	aliments	食	*aliments*
堂	táng	salle	土	*terre*
影	yǐng	ombre	彡	*clé 59*
刻	kè	quart d'heure	刂	*couteau*
坏	huài	mauvais	土	*terre*
修	xiū	réparer	亻	*homme*

Note : Il existe pour 影 une simplification « sauvage » ; c'est : 井彡 .

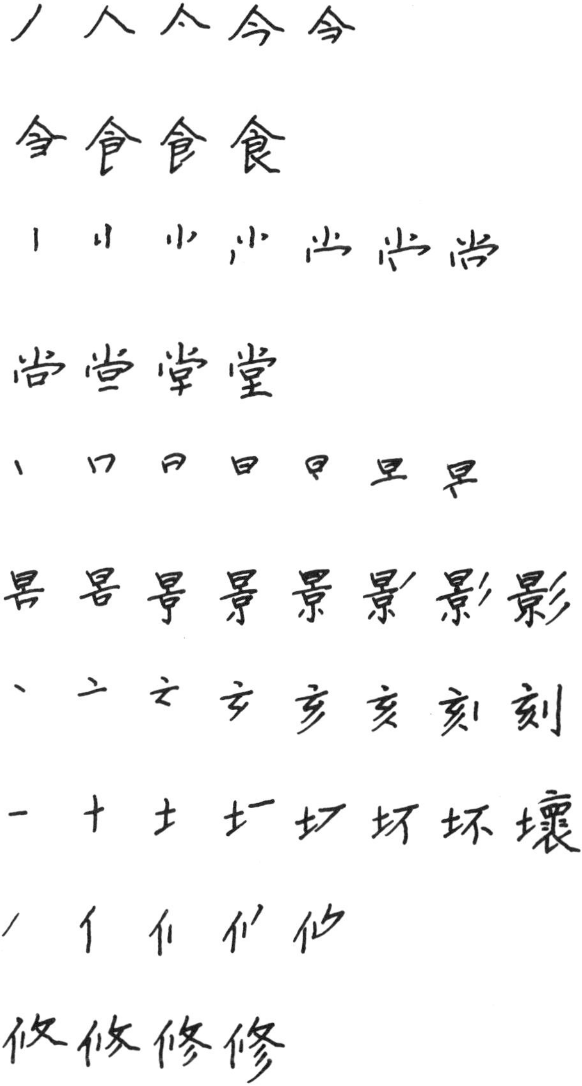

LEÇON 97

餐	cān	repas	食	*aliments*
短	duǎn	court	矢	*flêche*
冰	bīng	glace	冫	*glace*
棍	gùn	bâton	木	*bois*
拾	shí	ramasser	扌	*main*

Note : Pour 餐 il existe une simplification « sauvage » : 歺.

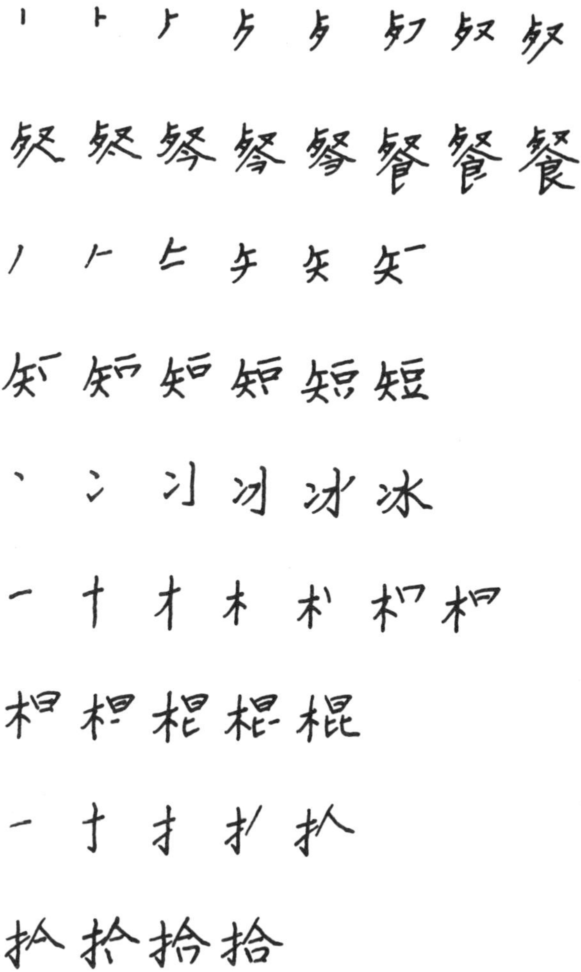

*****

LEÇON 99

祖	zǔ	ancêtres	礻	*rites*
呵	hè	(exclamation)	口	*bouche*
显	xiǎn	se révéler	日	*soleil*
轻	qīng	léger	车	*véhicule*

****

LEÇON 100

悟	wù	révélation	忄	*cœur*

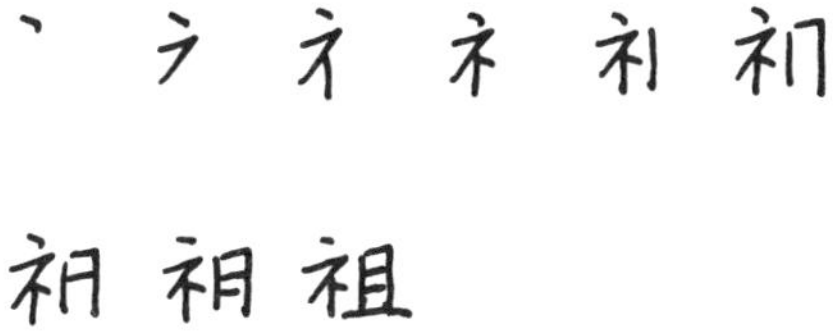

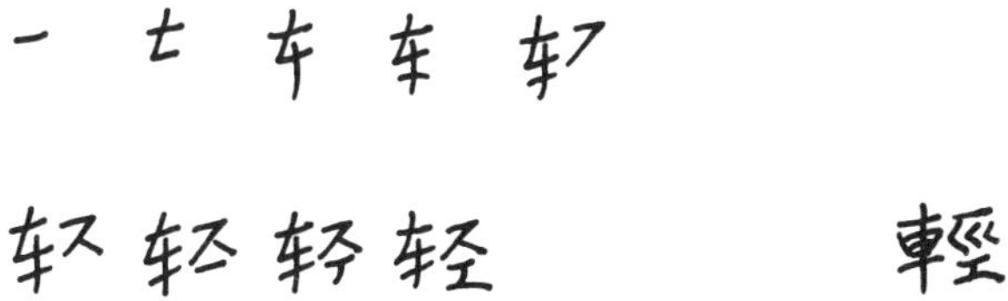

****

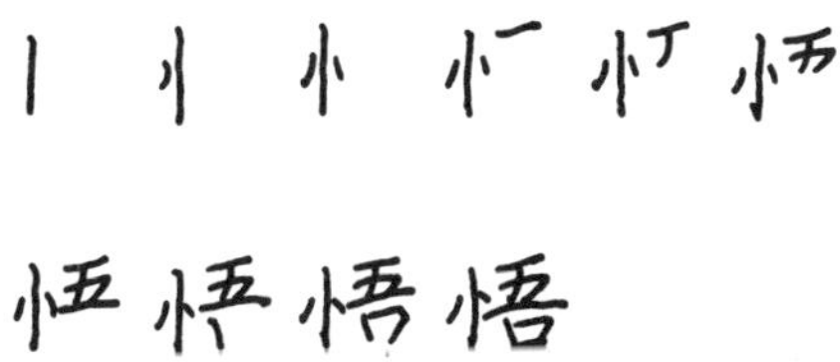

衣	yī	vêtements	衣	*vêtements*
料	liào	matériau	米	*riz*
凉	liáng	frais	冫	*glace*
药	yào	médicament	艹	*herbe*
治	zhì	guérir	氵	*eau*
痛	tòng	souffrir	疒	*maladie*

Note : Il existe deux caractères proches pour exprimer l'idée de *douleur, avoir mal.* Ce sont 痛 (tòng) et 疼 (téng). (Cf. leçon 78.)

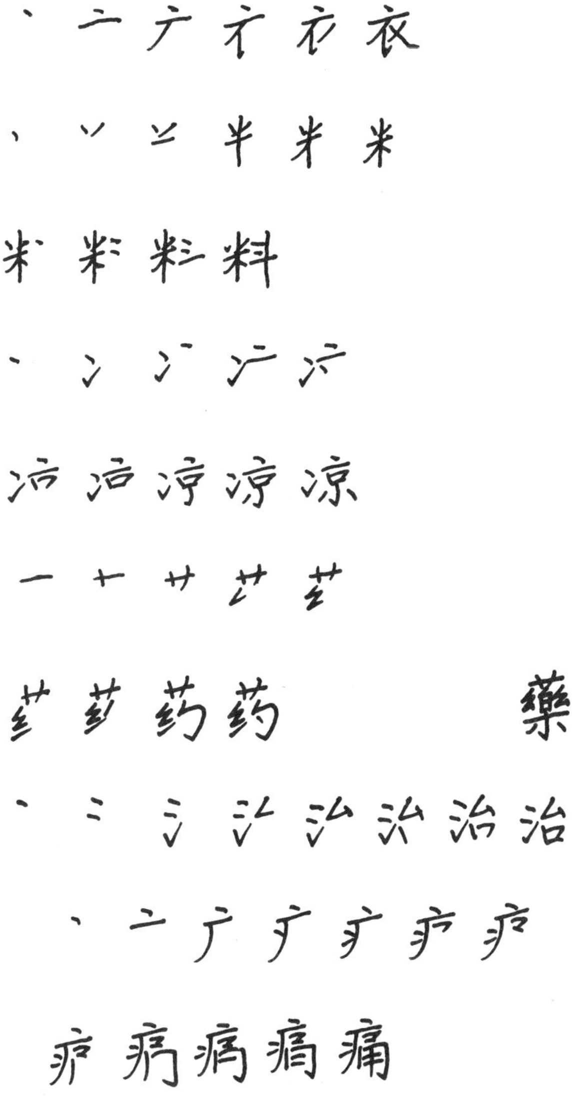
衣
米
料
凉
药
藥
治
痛

LEÇON 101

Aucun vocabulaire nouveau n'étant introduit dans cette leçon, nous passerons directement à la leçon suivante.

****

LEÇON 102

步	bù	pas	止	*stopper*
兜	dōu	poche	儿	*fils*

****

LEÇON 103

供	gòng	fournir	亻	*homme*
池	chí	réservoir	氵	*eau*
阳	yáng	soleil, mâle	阝	*oreille*

*****

****

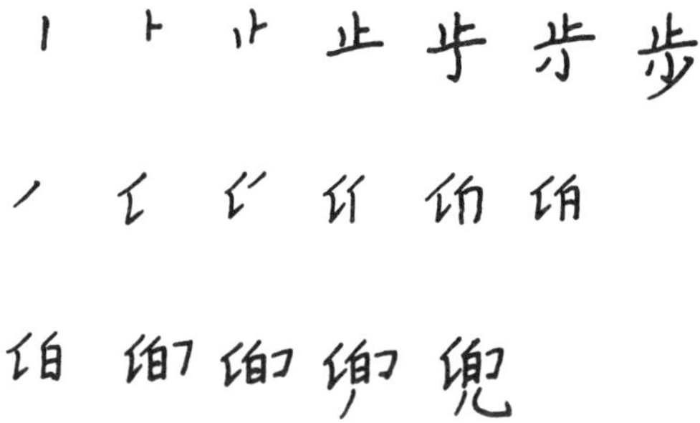

****

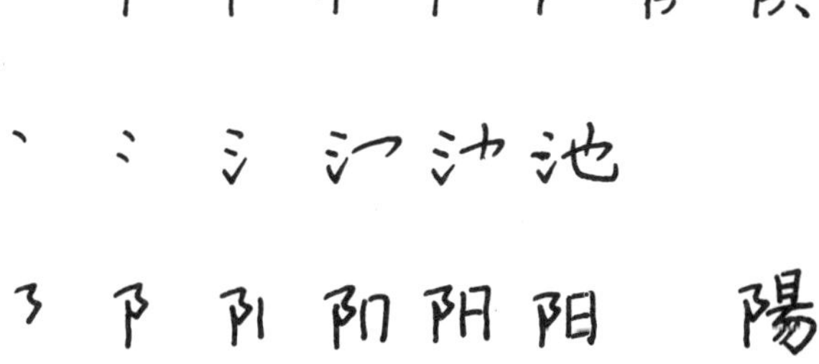

济	jì	secourir	氵	*eau*
设	shè	établir	讠	*parole*

****

LEÇON 104

白	bái	blanc	白	*blanc*

****

*****

丶 冫 氵 氵 氵

氵 汶 济 济 濟

丶 讠 讠 讥 设 设 設

****

丿 亻 白 白 白

****

*****

INDEX

INDEX DES CARACTERES INTRODUITS DANS LES TOMES 1 ET 2 DU CHINOIS SANS PEINE

Le numéro correspond à la première leçon dans laquelle le caractère a été rencontré. Soit comme idéogramme de début de mot, soit en composition avec d'autres, pour former un mot de plusieurs syllabes.

C'est en vous reportant à cette leçon que vous trouverez le caractère décomposé et expliqué.

Pour une même transcription alphabétique, le classement est basé sur les **tons**. Pour les caractères homophones (même ton), le classement se base alors sur le nombre croissant de **traits** constitutifs.

Les mots commençant par la consonne **SH** sont classés après ceux commençant par **S**. De même, les sons **ZH** sont classés après **Z** et les sons **CH** après **C**.

Pour certaines particules ou mots-outils, il n'est, bien sûr, pas donné de traduction. Seule figure, entre parenthèse, l'indication de leur fonction grammaticale.

RAPPEL

Les **mots** *(cí)* de la langue chinoise sont pour la plupart composés de plusieurs **syllabes**, ou en d'autres termes, composés de plusieurs caractères *(zì)*.

L'INDEX qui suit, notez-le, recense tous les **caractères** que nous avons recontrés. Pris hors contexte, il peut arriver que leur signification n'ait pas de rapport avec le sens du **mot** dans lequel ils entrent en composition.

Il peut être utile pour retenir plus aisément ces caractères, de les replacer en contexte, dans les mots qu'ils contribuent à former. Pour cela, vous vous reporterez aux leçons indiquées en regard de chaque caractère.

A

B

*****

CH

D

E

F

G

J

K

M

mā	妈	mère	36
má	麻	chanvre, lin, sésame	39
má, ma	嘛	quoi ?, n'est-ce pas ?	51
mǎ	马	cheval	18
ma	吗	est-ce que... ?	1
mǎi	买	acheter	3
mài	卖	vendre	32
mǎn	满	plein, remplir	43
màn	慢	lentement, lent	38
máng	忙	occupé, affairé	30
māo	猫	chat	67
máo	毛	poil, dizaine de centimes	44
máo	茅	chaume	60
mào	冒	braver, affronter	45
me	么	(quoi ?)	2
méi	没	ne pas [avoir]...	5
měi	每	chaque	54
měi	美	beau, joli	73
mèi	妹	sœur (cadette)	11
mēn	闷	étouffant	80
mén	门	porte	25
men	们	[pluriel]	11
měng	蒙	mongol	37
mèng	梦	rêve, rêver	57
miàn	面	visage, côté, nouilles	2
mín	民	peuple	65
míng	名	nom	53

P

Q

R

shòu	受	subir	80
shòu	授	remettre, transmettre	38
shū	书	livre	3
shū	叔	oncle (paternel cadet)	69
shū	舒	à l'aise, sans entrave	18
shú	熟	mûr, familier	38
shǔ	属	appartenir à	47
shǔ	鼠	rat, souris	47
shù	树	arbre	57
shuāng	双	paire, double, deux	76
shuí	谁	qui ? (voir *shéi*)	4
shuǐ	水	eau	29
shùn	顺	suivre	93
shuō	说	parler, dire	13

T

tā	他	il	4
tā	她	elle	11
tái	台	estrade	60
tài	太	trop	8
tán	谈	bavarder, parler de	39
tāng	汤	soupe	2
táng	堂	salle, pièce	96
táng	糖	sucre	60
tǎng	躺	s'allonger	66
tǎo	讨	réclamer, discuter	71
tào	套	[spécificatif]	82
tè	特	spécial, spécialement	44
téng	疼	avoir mal, chérir	78

tí	题	sujet, problème	37
tǐ	体	corps, style	88
tì	替	pour, à la place de	90
tiān	天	ciel, jour	15
tiáo	条	bande, [spécificatif]	74
tiē	贴	coller	54
tīng	听	écouter	19
tíng	停	arrêter	85
tǐng	挺	très	59
tóng	同	avec, comme, identique	36
tòng	痛	avoir mal	100
tōu	偷	voler	55
tóu	头	tête	66
tú, tu	涂	enduire	50
tú	图	dessin, carte	51
tù	兔	lapin	47
tuán	团	ligue, groupe	74
tún, tun	饨	(ravioli en soupe)	62
tuō	拖	tirer, traîner	79

W

wa	哇	[exclamation]	67
wài	外	extérieur, étranger, hormis	45
wān	湾	golfe	69
wán	完	terminer, fini	40
wán, wánr	玩	jouer	59
wǎn	晚	soir, tard	10
wàn	万	dix mille, énormément	51
wáng	王	roi, empereur, **WANG**	6

X

zī	资	richesses, capital	72
zǐ, zi	子	- fils ; - suffixe	3
zì	字	caractère, idéogramme	33
zì	自	soi	15
zǒu	走	partir, marcher	1
zū	租	louer	59
zǔ	祖	ancêtres	99
zuì	最	le plus	19
zuì	醉	saoul	60
zuó	昨	hier	26
zuò	作	faire	13
zuò	坐	en, prendre, s'asseoir	25
zuò	做	faire	32

ZH

zhā	扎	piquer	78
zhàn	站	station, être debout	25
zhāng	张	ZHANG, spécificatif	26
zhāo	招	appeler	76
zháo, zhe	着	- parvenir à ; - suffixe	59
zhǎo	找	chercher	39
zhào	赵	ZHAO	57
zhào	照	illuminer, éclairer	55
zhě	者	[suffixe] celui qui	41
zhè, zhèi	这	ce, cet, celui-ci, ça	5
zhe, zháo	着	[suffixe], réussir à	59
zhèi	这	ce, cet, ça	voir *zhe*

L'Index répertorie les 800 caractères qui sont introduits dans les deux tomes du CHINOIS SANS PEINE. Combinés entre eux, ils nous ont permis d'étudier environ 1 500 mots ou expressions.

LISTE DES CLÉS
ET LEUR SIGNIFICATION ÉVENTUELLE

Parfois la clé a plusieurs formes, selon qu'elle intervient à gauche ou en haut, à droite ou en bas. Les diverses variantes sont alors données sous le même numéro.

*****

No	Clé	Sens
1	一	horizontal
2	丨	vertical
3	丶	point
4	丿	courbe à gauche
5	乙	
6	亅	vertical crochet
7	二	deux
8	亠	

No	Clé	Sens
9	人 亻	homme
10	儿	fils
11	入	entrer
12	八	huit
13	冂	
14	冖	
15	冫	glace
16	几	quelques
17	凵	
18	刀 刂	couteau
19	力	force
20	勹	
21	匕	cuiller
22	匚	
23	匸	

No	Clé	Sens
24	十	dix
25	卜	divination
26	卩 㔾	
27	厂	usine
28	厶	
29	又	encore
30	口	bouche
31	囗	enceinte
32	土 扌	terre
33	士	lettré
34	夂	
35	夊	
36	夕	soir
37	大	grand
38	女	femme

No	Clé	Sens
39	子 子	fils
40	宀	toit
41	寸	pouce
42	小	petit
43	尢 兀	
44	尸	cadavre
45	屮	
46	山	montagne
47	巛 川	rivière
48	工	travail
49	己 已 巳	
50	巾	serviette
51	干	sec
52	幺	
53	广	vaste

No	Clé	Sens
54	廴	marche
55	廾	
56	弋	
57	弓	arc
58	彐 ⺕ ⺔	
59	彡	
60	彳	pas
61	心 ⺗ 忄	coeur
62	戈	hallebarde
63	户	famille
64	手 扌	main
65	支	branche
66	攴 攵	
67	文	langue
68	斗	boisseau

No	Clé	Sens
69	斤	livre
70	方	carré
71	无 旡	ne pas
72	日	soleil
73	曰	dire
74	月	lune
75	木	bois
76	欠	manquer
77	止	arrêter
78	歹 歺	mauvais
79	殳	
80	毋 母	mère
81	比	comparer
82	毛	poil
83	氏	famille

No	Clé	Sens
84	气	gaz
85	水 氵 氺	eau
86	灬 火	feu
87	爫 爪	griffe
88	父	père
89	爻	
90	爿	
91	片	tranche
92	牙	dent
93	牛 牜	boeuf
94	犬 犭	chien
95	玄	
96	玉 王	jade
97	瓜	cucurbitacée
98	瓦	tuile

No	Clé	Sens
99	甘	doux
100	生	naître
101	用	utiliser
102	田	champ
103	疋	pièce d'étoffe
104	疒	maladie
105	癶	
106	白	blanc
107	皮	peau
108	皿	vaiselle
109	目	oeil
110	矛	lance
111	矢	flèche
112	石	pierre
113	示 礻	montrer, rites

No	Clé	Sens
114	禸	
115	禾	céréales
116	穴	caverne
117	立	debout
118	竹 ⺮	bambou
119	米	riz
120	糸 纟	soie
121	缶	
122	网	filet
123	羊	mouton
124	羽	plume
125	老 耂	vieux
126	而	alors
127	耒	charrue
128	耳	oreille

No	Clé	Sens
129	聿	pinceau
130	肉 月	viande
131	臣	ministre
132	自	soi-même
133	至	arriver
134	臼	mortier
135	舌	langue
136	舛	
137	舟	embarcation
138	艮	
139	色	couleur
140	艸 艹	herbe
141	虍	tigre
142	虫	insecte
143	血	sang

No	Clé	Sens
144	行	marcher
145	衣 衤	vêtements
146	西	ouest
147	見 见	voir
148	角	corne
149	言 讠	parole
150	谷	vallée
151	豆	haricot
152	豕	cochon
153	豸	animal
154	貝 贝	coquillage
155	赤	rouge
156	走 走	marche
157	足 ⻊	pied
158	身	corps

No	Clé	Sens
159	車 车	véhicule
160	辛	âcre
161	辰	
162	辶	marche
163	阝	oreille à droite
164	酉	
165	釆	cueillir
166	里	hameau
167	金 金 钅	or, métal
168	長 长 镸	long
169	門 门	porte
170	阝	oreille à gauche
171	隶	
172	隹	oiseau à queue courte
173	雨	pluie

No	Clé	Sens
174	青 龶	vert, bleu
175	非	ne pas
176	面	visage
177	革	cuir
178	韋 韦	
179	韭	ciboulette
180	音	son
181	頁 页	page
182	風 风	vent
183	飛 飞	voler
184	食 食 饣	nourriture
185	首	tête
186	香	parfum
187	馬 马	cheval
188	骨	os

No	Clé	Sens
189	高	haut
190	髟	
191	鬥	
192	鬯	
193	鬲	
194	鬼	démon
195	魚 鱼	poisson
196	鳥 鸟	oiseau
197	鹵	salpêtre
198	鹿	cerf
199	麥 麦	blé
200	麻	chanvre
201	黃	jaune
202	黍	millet
203	黑	noir

No	Clé	Sens
204	黹	
205	黽 黾	
206	鼎	tripode
207	鼓	tambour
208	鼠	rat
209	鼻	nez
210	齊 齐	ensemble
211	齒 齿	dent
212	龍 龙	dragon
213	龟	tortue
214	龠	flûte

La liste ci-dessus présente les 214 radicaux traditionnels, tels qu'ils ont été définis dans le dictionnaire compilé sous le règne de l'Empereur KANGXI au XVIIe siècle. Nous en avons donné les formes classiques et simplifiées.

*****

Bibliographie

En langues occidentales :

- Les Caractères chinois. *S.S. WIEGER. Taichung, 1978.*
- L'Ecriture chinoise. *V. ALLETON. Que sais-je nº 1374.*
- L'Idiot chinois. *Kyril RYJIK. Payot, 1981.*
- L'Ecriture poétique chinoise. *François CHENG. Seuil, 1977.*
- Les Réformes de l'écriture chinoise. *John T.S. CHEN. IHEC, P.U.F., 1980.*
- Chinese pictorial art. *Robert Van GULIK. Hacker, 1981.*
- Préparation de la réforme de l'écriture en Chine populaire. *Constantin MILSKY. Mouton, 1974.*
- Guide Bleu CHINE, chapitre « Les Langues de la République populaire de Chine ». *Hachette, 1983.*
- L'Espace du rêve, Mille ans de peinture chinoise. *F. CHENG. PHEBUS.*
- Guide NAGEL « CHINE », chapitres « l'écriture chinoise » et « la langue et l'écriture chinoise ».
- La Forêt en feu. *Simon LEYS. Hermann, 1983.*
- La Calligraphie chinoise, YU Qilong, in *Revue Française de Pékin, nº 1, L'Asiathèque, 1982.*
- Cahiers d'exercices d'écriture du Manuel de chinois fondamental. *Pékin, 1980.*
- Origins and development of chinese writing, Mauricio SCARPARI, in *7 000 years of chinese civilization, Silvana Editoriale, MILAN, 1983.*
- Suite au « Traité de Calligraphie » de Jiang Kui. *Jean-Marie SIMONET, Thèse, Paris 1969.*
- Introduction à la calligraphie chinoise. Shanghai. *Ed. du Centenaire, Paris, 1983.*

*****

En chinois :

書法藝術

Shufa yishu, chinese calligraphy. *Lai Tianchang. Hong Kong, 1982.*

書法藝術答問

Shufa yishu dawen. (Questions et réponses sur l'art de la calligraphie), *Zhou Ruchang. Hong Kong, 1980.*

文字源流淺說

Wenzi yuanliu qianshuo. (Introduction à l'étymologie des caractères). *Kang Yin. Pékin, 1979.*

正草隸篆四體字典

Zheng-cao-li-zhuan si-ti zidian. (Dictionnaire des caractères en styles régulier, cursif, officiel et sigillaire). *Shanghai, 1980.*

*****

Aubin Imprimeur
LIGUGÉ, POITIERS

Photocomposition chinoise
ALFA

Département de Recherches Linguistiques
UNIVERSITÉS PARIS 7

Photocomposition française
et mise en pages
E.T. Compo

Reliure : SIRC à Marigny-le-Châtel

Achevé d'imprimer en juin 2004
N° d'édition 2098 / N° d'impression L 66969
Dépôt légal, juin 2004
Imprimé en France